自動車登録入門

山口 幹夫

自動車登録入門
－目 次－

はじめに

　この本を手に取っていただき、ありがとうございます。『自動車登録入門』という
タイトルなので、おそらく個人的に自動車登録をすることが好きな方、車に関する
手続きに関係する仕事をされている方、ディーラーに勤めている方や行政書士の方
あたりが、興味を持ってくださったのではないでしょうか。

　本書は、初めて自動車登録を学ぶ方向けにできるだけ平易な言葉を使用していま
す。また、正確であることよりも分かりやすさを重視しているため例外について記
載がないようなこともありますが、あくまでも入門編ということでご容赦ください。

　出版することになったきっかけは、私自身が行政書士として自動車専門の事務所
に入社した際、資料がなくて困ったことです。もちろん国が公開している資料は読
みましたが、資料を読むと知らない言葉が出てくるため、関連キーワードを検索し
たり、同業の先輩行政書士に聞いたり、役所に確認したり、大変非効率な学び方を
しました。例えば、不動産の手続きは難関試験の科目だったので資料は膨大、学ぶ
ための多種多様な本が出版されていました。しかし、自動車登録の一般書籍はどこ
にもありませんでした。この世にないなら自分で作るしかないと思い、今回執筆を
決意しました。

　自動車登録手続きはできて当たり前、何かミスがあると依頼主の顧客満足度を大
きく下げる仕事です。個人の方が自分の手続きをするのであれば、基本的には試行
錯誤でいいのですが、販売した車の買主の方の手続きについて任された場合、そこ
からさらに依頼を受けた場合など、登録に不備があれば納車時の幸せな気持ちを台
無しにすることになりかねません。

　そのような自動車ユーザーの幸せな気持ちが減ることがないように、本書を活用
することで手続きのミスが少しでも減る一助になればと願っております。

令和5年3月　行政書士　山口幹夫

登録自動車と軽自動車の違い

　本書では登録自動車の話がメインになります。まずは代表的な四輪自動車の分類である登録自動車と軽自動車の違いはどういうものなのかについて、簡単に触れていきたいと思います。

□登録自動車と軽自動車の定義

　四輪の道路を走ることができ、エンジンやモーターを載せている自動車という前提でいうと、登録自動車と軽自動車の違いはサイズと排気量です。軽自動車のサイズは長さ 340cm 以下、幅 148cm 以下、高さ 2m 以下です。また、排気量は 660cc 以下です。このサイズと排気量の基準の一つでも軽自動車の基準を超えると、登録自動車となります。なお、電気自動車のモーターの場合は軽自動車に出力の制限はありません。

□ナンバープレートの違い

　通常、白いナンバープレートが付く自動車が登録自動車、黄色いナンバープレートが付く自動車が軽自動車となります。なお、オリンピック記念ナンバーやラグビーW カップ記念ナンバーの場合は、登録自動車と軽自動車のナンバープレートのデザインは同一なので、ナンバープレートの文字でしか判別できなくなります。「品川 599 へ 3333」というナンバーの場合、ナンバープレートの 599 に当たる部分を分類番号といい、この数字で軽自動車かどうかを判断することができます。

　軽自動車の場合 480 〜 498 または 580 〜 598、680 〜 698、780 〜 798 が使われます。（下一桁はアルファベットにもなります）それ以外は登録自動車です。

　なお、分類番号は平成 18 年の改正前は 2 桁でしたが、2 桁の番号のままオリンピックナンバーやラグビーナンバーにすることはできないため、ナンバープレートの色で見分けてください。オリンピックナンバー以降に導入された図柄のあるナンバーの場合は、軽自動車は黄色い枠がついているので、見た目で判断しやすくなってい

ます。なお、事業用自動車（トラックやバスなど運送事業を営む自動車）の場合は、登録自動車のナンバープレートは緑色、軽自動車の場合は黒色になります。

　登録自動車の分類番号と、車両についての情報を下記にまとめます。軽自動車は大型のサイズはないので、小型乗用と小型貨物の中の一部が使用されます。

分類	名称	定義
100 ～	普通貨物自動車	貨物用途に用いられる普通自動車 大型トラック等
200 ～	普通乗用自動車 （定員 11 名以上）	乗用で定員 11 名以上の普通自動車 マイクロバス・大型バス等
300 ～	普通乗用自動車	乗用で定員 10 名以下の普通自動車 小型車より大きい乗用車
400 ～ 600 ～	小型貨物自動車	貨物用途に用いられる小型自動車 全長 4.7m 以下、全幅 1.7m 以下、全高 2m 以下、総排気量 660cc 以上 2000cc 以下
500 ～ 700 ～	小型乗用自動車	乗用で用いられる小型自動車 全長 4.7m 以下、全幅 1.7m 以下、全高 2m 以下、総排気量 660cc 以上 2000cc 以下
800 ～	特殊用途自動車	特殊の用途に用いられる普通自動車及び小型自動車 パトカー、消防車、コンクリートミキサー車など
900 ～	大型特殊自動車	特殊な構造を持つ自動車（建設機械を除く） 大型フォークリフト、トラクターなど
000 ～	大型特殊自動車にうち建設機械に該当するもの	大型特殊自動車で建設機械抵当法施行令別表 1 に規定されているもの ブルドーザーやロードローラーなど

□法律上の違い

　いわゆる車検があり安全性を確認する制度がある部分では、軽自動車と登録自動車に違いがありません。大きな違いは、持ち主が誰かを明確にする制度があるかどうかです。登録自動車は持ち主を明確にする必要がありますが、軽自動車はそのような制度はありません。自動車に関する手続きについては軽自動車が印鑑証明書を求めないのに対し、登録自動車は印鑑証明書を提出させることで自動車の持ち主であることをはっきりさせています。

　2020 年 12 月 23 日までは軽自動車は認印で簡易的なチェックをしていましたが、

2020 年 12 月 23 日以降は通達の改正があり押印が原則廃止になったため、手続き上は認印が不要になり、基本的には持ち主に関する裏取りはなくなったと考えてもらって差し支えありません。

　ただし、軽自動車の手続きを引き受ける役所が書類を求めていないからといって勝手に他人の申請書を作成して良いわけではないので、行政書士や車屋さん等、代理人や仲介者となる人は勝手な申請をしないよう、コンプライアンス意識を持って必ず本人の意思確認をしましょう。

　例えば、希望番号（ナンバープレートに好きな番号を付けられる制度）を依頼されていたけれど、間違って希望番号を付けないで申請してしまい納車前の段階で希望番号が付いてない状態で車検証が発行されていることに気がついた際、素直に状況を説明してお客様の了解を得れば希望番号に変更する申請をすることができますが[1]、お客様が了承したことを示す書類は提出しなくてもいいからといって、勝手に変更する申請を行うようなことがないようにしましょう。

[1] 厳密には、ナンバープレートの番号を希望番号に変更するにはナンバープレートの紛失や破損等の理由が必要ですが、申請すればナンバープレートに一切傷がなくても受け付けてもらうことができます。

まとめ

・軽自動車と登録自動車はナンバープレートで見分けることができる。

・軽自動車と登録自動車の違いは、大きさと排気量。

・どちらも安全性のチェックはある。登録自動車は持ち主のチェックもある。

02

自動車検査証（車検証）の見方

　2023年から一般的に白いナンバーがつく登録自動車の車検証はA6の厚紙にICタグの付いたもの（以下、「車検証カード」）になりました。軽自動車は2024年から車検証カードになる予定ですが、まずは、紙の車検証について説明したいと思います。

　紙の車検証で見る部分はたくさんありますが、登録をする上で気をつける部分について解説します。登録自動車の車検証は2種類ありますが、一般的なAタイプの車検証について解説します。

■Aタイプ車検証

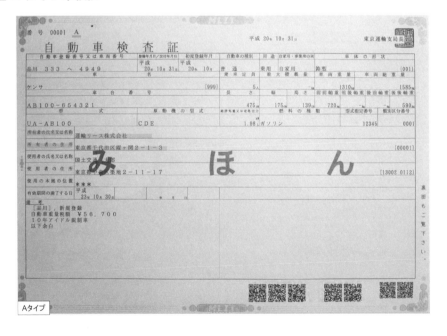

紙のＡタイプ車検証は、車検証が電子化される前の一般的な車検証でした。現在の所有者情報が載っているのが、他の車検証との差異となります。代表的な項目として8項目の内容を簡単に下記に記載します。

分類	名称	定義
①	自動車登録番号または車両番号	ナンバープレートに書かれた番号
②	自家用・事業用の別	事業用の時には手続きが変わるので注意 ナンバーの色も違います。
③	車名	車の通称ではなくメーカー名、譲渡証明書に記載
④	車台番号	車両を識別する番号　譲渡証明書や委任状に記載
⑤	型式	車のタイプ　譲渡証明書に記載
⑥	原動機の型式	エンジンのタイプ　譲渡証明書に記載
⑦	所有者の氏名住所	所有者の情報
⑧	使用者の氏名住所	使用者の情報 ***　の時は、所有者と同一
⑨	使用の本拠の位置	車を管理する拠点　申請先に影響する。 ***　の時は、使用者住所と同一
⑩	有効期限	公道を走って良いとされる期間

□ Ｂタイプ車検証

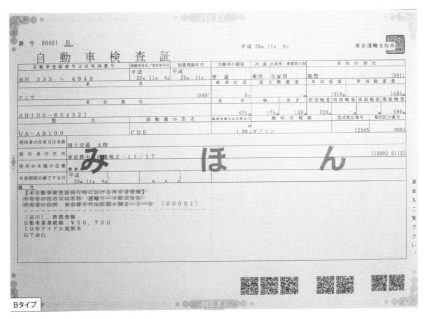

Ｂタイプの車検証は、ローン会社やリース会社など大量に車を保有している法人向けの車検証で、所有者欄がありません。その代わりに、車検証発行時の所有者情報が備考欄に記載されます。車検証発行時の所有者情報なので、すでに車検証が発行された後に所有者の氏名や住所に変更があったとしても、車検証を最新情報に書き換える必要がありません。そのため、Ｂタイプのメリットは所有者である法人が引っ越した場合など、所有者の情報に変更があっても、車検証の書き換えが不要になることです。（車検証の書き換えが不要だと、車を使っている使用者から車検証を回収する必要がなくなります）

□軽自動車の車検証

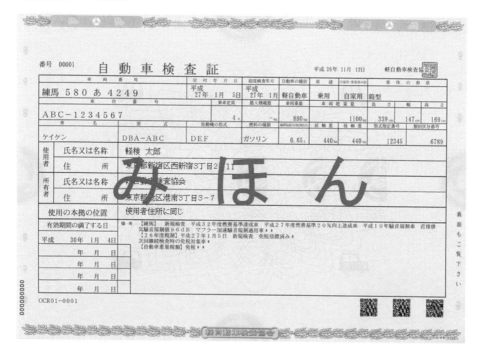

　軽自動車の場合は、使用者と所有者の順番が逆になっています。また、QRコードに使用者の氏名、住所が入っていることが大きな違いです。軽自動車にはＡタイプＢタイプの区別はありません。
　なお、軽自動車のナンバープレートの番号は車両番号と呼びます。

□車検証カード

自動車検査証			令和 2年10月 1日		東京運輸支局長		411200000012	

自動車登録番号又は車両番号		初度登録年月	自動車の種別	用途	自家用・事業用の別	型式指定番号	類別区分番号
品川 399 さ 1234		令和 2年10月	普通	乗用	自家用	98765	0001

車 名		車体の形状				
コクドコウツウ		箱型				

車台番号		燃料の種類		総排気量又は定格出力	
ZZZ99-SAMPLE01		ガソリン		1.59^{kl}	

型式		原動機の型式	前前軸重	前後軸重	後前軸重	後後軸重
ZXX-ABC99		ABC-3DE	750 $_{kg}$	– $_{kg}$	– $_{kg}$	600 $_{kg}$

乗車定員	最大積載量	車両重量	車両総重量	長さ	幅	高さ
5 人	– $_{kg}$	1350 $_{kg}$	1625 $_{kg}$	448 $_{cm}$	173 $_{cm}$	149 $_{cm}$

使用者の氏名又は名称
国土 交通

備 考
H10騒音99db，その他

T000001AA00001

1234

I C タ グ

車検証のカードは、所有者の住所、氏名、使用者の住所、使用の本拠の位置が記載されていません。また、公道を走ることができる期間である検査の有効期限の記載もありません。

車検の有効期限等、カードの表面に印字されていない部分に変更があった時、役所に行かなくてもディーラーや整備工場、一部の行政書士事務所で、カードのデータを更新できることがメリットですが、デメリットとしてそれらの情報を確認するにはICタグに格納された「自動車検査証記録事項」を確認する必要があります。また、スキミング対策で4桁の暗証番号が記載されており、データを確認するためには暗証番号の入力が必要です。

□自動車検査証記録事項

A

自動車検査証記録事項

記録年月日 令和 3年 5月 10日

111210000001

1. 基本情報

自動車登録番号又は車両番号　札幌　300　お　9999

車台番号　R35-DSG-00001

登録年月日・交付年月日　令和 3年 5月 10日　初度登録年月　令和 3年 5月　有効期間の満了する日　令和 6年 5月 9日

2. 所有者・使用者情報

所有者の氏名又は名称　運輸　太郎

所有者の住所　北海道札幌市東区北36条東○丁目△△△　[50007 0331]

使用者の氏名又は名称　＊＊＊

使用者の住所　＊＊＊

使用の本拠の位置　＊＊＊

3. 車両詳細情報

車名　ニッサン　[213]

型式　CBA-R35　原動機の型式　VR38

自動車の種別　普通　用途　乗用　事業用の別　自家用

車体の形状　箱型　[601]　人　4人　最大積載量　kg

車両重量　1730kg　車両総重量　1935kg　幅　1895mm　137mm

前前軸重　940kg　前後軸重　後前軸重　後後軸重　790kg　継続気量又は定格出力　3.79l

燃料の種類　ガソリン　型式指定番号　15965　類別区分番号　0001

4. 備考

[札幌]　新規登録
自動車重量税額　￥49,200
[31年度税制] 令和3年5月10日　新規登録
令和2年度燃費基準40%向上達成車
平成27年度燃費基準40%向上達成車
平成22年度燃費基準25%向上達成車
車両安定性制御装置搭載車
車線逸脱警報装置搭載車
[走行距離計表示値] 19,000km [令和○年5月1日]
[旧走行距離計表示値] 9,000km [令和○年5月1日]
ハイブリッド車
平成10年騒音規制車、近接排気騒音規制値　96db
マフラー加速騒音規制適用車
[整備工場コード] 41-00001
番号標再交付
以下余白

【注意事項】
記録事項はシステム登録時点の情報となります

車両ID　A01234560001

1234567890123456790

み　ほ　ん

紙の車検証をA4縦にレイアウト変更していますが、基本的に記載内容は変わりません。AタイプのものとBタイプのものがあるのも紙の自動車検査証と同一です。

Bタイプについては、誌面の都合上割愛します。興味がある方は「電子車検証特設サイト」で検索すると見本が確認できます。

□所有者とは

所有者は車の持ち主のことを言います。車の持ち主は、登録申請をする時には申請者となります。例外的に、ローンで車を購入した場合は、自動車販売店や信販会

12

社が形式的に所有者となります。（形式的な所有者でも登録申請上は所有者として申請義務があります）また、リース契約の場合はリース会社所有の車を借りている形になるので、リース会社が所有者となります。所有者になるためには法人格が必要なので、登録自動車については法人の特定の支店や営業所、個人の屋号、法人格のない同窓会などの団体は所有者となることはできません。

□使用者とは

使用者は、車を使用する人です。車検の申請や点検整備をする義務があります。法人格は必ずしも必要はなく、公共料金の領収証などがあれば、法人の支店や営業所、法人格のない団体でも使用者に設定できます。

□使用の本拠の位置とは

車を管理する拠点です。基本的には人の常駐が必要です。車を実際に保管する駐車場ではなくても注意が必要です。登録の申請は原則として使用の本拠の位置を管轄する運輸支局（自動車検査登録事務所）に申請（軽自動車の手続きは、軽自動車検査協会に申請）することとなります。

03

登録自動車の手続きの種類

登録自動車の手続きの種類について解説します。

自動車登録には大きく分けて6つの登録があります。

□新規登録

新規登録は、登録していない（ナンバープレートが付いていない）状態から、登録を行いナンバープレートを付けて公道を走れるようにするタイミングで行う申請です。新規登録は、その車が生産されてから初めて登録する新車新規登録と、一度登録抹消済みの車を再度新規登録する中古新規登録で、必要書類が異なります。

□変更登録

変更登録は、登録内容に変更があった場合に行います。所有者の住所や氏名、車の使用場所の変更、車の使用者が別人に変わったなどの場合には変更登録となります。車自体の改造（構造変更）でも、変更登録になる場合があります。車を改造する時には、変更登録が必要な場合や安全性の再確認のために車検を取り直す必要があるケースもあるので注意が必要です。なお、車の売買で名義変更をするとよく言いますが、その場合は変更登録ではなく移転登録になるのでご注意ください。

□移転登録

車の持ち主が別人になる登録を移転登録といいます。法律的には、所有権が移転するので移転登録と呼ばれます。住所移転は移転登録でなく変更登録になります。なお、住所変更を行い忘れて車検証の住所が古い住所のままで車を売却する場合は、変更登録を省くことができます。所有者が別人になる原因としては売買、贈与、合併、会社分割、相続など様々なものがありますが、売買や贈与については譲渡証明書という定形書式の書類を発行して、車を譲渡したことを証明することになります。合併、会社分割、相続はそれぞれ必要書類が異なります。

□抹消登録

　抹消登録は、一時的にナンバープレートを外す「一時抹消登録」と、二度と車を使用できない状態（主に解体処理済みの車）で行う「永久抹消登録」と、車を輸出する前段階として「輸出抹消仮登録」という手続きがあります。解体処理済みの車両は国のシステムで情報連携がされるので、解体処理の通知がなされると一時抹消登録できなくなります。月内に一時抹消したい場合などは、車両の解体を先行させて一時抹消ができなくなるようなことがないように注意してください。

□更正登録

　登録内容が間違っていた場合に修正するのが更正登録です。氏名や住所についての間違いが原因で申請することが多いです。登録後時間がかかっていなければ申請先に資料が残っているので特に申請なく正しい車検証と交換してもらうことができます。資料が残っていない場合は、間違えたことが分かる資料を付けて更正登録の申請をする必要があります。

□抵当権登録

　抵当権は、登録自動車を借金や未払金の担保にする時に行います。しかし、抵当権を設定していても移転登録はできるため車がどこにいったのか分からなくなることもあります。そのためあまり利用されていません。自動車を担保にする時には所有権留保という形が主に使われます。

□その他の申請

　登録以外にも登録自動車には抹消中の所有者を変更する所有者変更記録、抹消中に輸出する場合の輸出届出、抹消後に解体した場合の解体届、ナンバープレートが破損し、判別不能になった場合に登録番号を変更する番号変更、ナンバープレートの種類（ペイントや字光式、図柄ナンバー）を変更する番号交換、各種紛失毀損に対応する再交付の申請があります。

□検査

　自動車登録と密接に関わるのが検査の制度です。検査には大きく分けて５つの申請があります。臨時検査という制度もありますが、一般的ではないので割愛します。

①新規検査・検査証交付

　新規登録の場合に、安全性を確認する申請です。使用者が申請者となります。実

際に検査することもあれば、事前に工場などで検査を行った旨の証明書をつけて実際の検査をしない場合もあります。なお、新規登録時に予備検査証を提出する場合は、新規検査申請ではなく検査証交付申請と呼ばれます。

②予備検査

　予備検査は、新規検査を運輸支局等で事前に受ける制度です。抹消中または未登録自動車の安全性を確認する制度となっています。

③構造変更検査

　車の構造を変更した時に、改めて安全性のチェックをする検査です。元々の有効期限に関わらず、検査の日から1年（または2年）の有効期限の車検証が発行されます。

④継続検査

　車検の有効期限を延長する手続きです。車の安全性を確認します。有効期限の1ヵ月前以降に申請すれば、従前の期限から1年（または2年）有効期限が延長されます。1ヵ月以上前に車検を受けると、検査の日から1年（または2年）が有効期限となってしまいます。

●検査証記入

　車検証が書き換わる時に行う申請です。実際の自動車を検査するわけではないですが、自動車検査証（車検証）に関する申請なので、他の検査に関する申請と同様に申請者は使用者となります。

□申請先と管轄

　登録手続きは原則として使用の本拠の位置を管轄する運輸支局等、または自動車検査登録事務所等に申請します。継続車検や抹消中の手続き、車検ステッカーの再交付はどこの運輸支局、自動車検査登録事務所でも申請できますが、車検証の再交付は管轄の運輸支局等又は自動車検査登録事務所等に申請します。

　なお、軽自動車の場合は、使用の本拠の位置を管轄する軽自動車検査協会またはその支所に申請します。どこでもできる手続きは、継続車検やステッカーの再交付、車検証の返納済みの時に行う申請です。登録自動車と同じ考え方です。また、車庫証明（車庫の届出）は使用の本拠の位置ではなく、保管場所を管轄する警察署に申請します。

□運輸支局等とは

　都府県に一ヵ所ずつ存在します。登録や検査の手続きに加えて、事業用自動車に

関する許認可等の受付も行っています。北海道は主要な地域にあります。なお、例外的に兵庫は神戸運輸監理部（兵庫陸運部）、沖縄は沖縄総合事務局運輸部陸運事務所という名称です。ナンバープレートの名称は必ずしも都道府県名ではないので、注意が必要です。【例：東京運輸支局は品川ナンバー（ご当地で世田谷ナンバー）、栃木運輸支局は宇都宮ナンバー（ご当地で那須ナンバー）】

□自動車検査登録事務所等とは

　都府県の支局以外の地域で登録と検査ができる事務所です。東京都の場合は、東京運輸支局の他に足立、練馬、多摩、八王子に自動車検査登録事務所があります。群馬県の場合は群馬運輸支局はありますが、自動車検査登録事務所はありません。都府県によってある地域とない地域があります。原則としてその地域名のナンバープレートが発行されます。（ご当地ナンバーという例外もあります。また、佐野自動車検査登録事務所はとちぎナンバー、長崎県の対馬市を管轄する厳原自動車検査登録事務所は長崎ナンバーである等の例外もあります）沖縄は陸運事務所と呼ばれ、石垣島など本島と離れた地域を管轄しており、例外的にどの事務所でも沖縄ナンバーが発行されます。

04

登録自動車に関する書面など

登録自動車では様々な必要書類がありますが、それらについて説明していきます。

□自動車保管場所証明書

いわゆる車庫証明。登録自動車の登録を行うために原則必要。使用の本拠の 2 km 以内に自動車の保管場所を用意することが使用者に義務付けられています。申請者は使用者。取得場所は、保管場所（駐車場）を管轄する警察署です。

□自動車検査証

いわゆる車検証。紙の車検証には車を使用できる有効期間が書いてあります。有効期間が切れると公道を走れなくなり、移転登録もできなくなります。ほとんどの登録手続きで原本を提出します。

原本を紛失した場合は、管轄の運輸支局等で再交付を受けることができます。抹消申請する時には、理由書を添付することで再交付を受けずに申請は受理されます。

なお、2023 年から登録自動車の車検証は A6 サイズの厚紙に IC タグが貼られたもの（以下、「車検証カード」）に変更され、有効期限を含む多くの情報の記載がされなくなりました。

□自動車検査証記録事項

紙の車検証と同等の内容が確認できる書面または PDF データです。PDF データは電子署名がされているので、データで送信すると内容の正確性が保証されます。

自動車登録手続きにおいては添付書類として使用されませんが、電子車検証導入後最低 3 年間は運輸支局等で車検証カードとともに交付され、その後の自動車税事務所の手続きで使用されています。

□譲渡証明書

新規登録や移転登録等の申請時に譲渡を証明する書類。実印を押します。移転登録の場合は印鑑証明書も添付して実印を確認します。新規登録の場合はデータ送信することもできるので、紙の譲渡証明書は添付しないこともあります。

□印鑑証明書

実印を押印する時に、本物の印鑑か確認する際使用します。登録時の所有者の住所氏名の確認にも使用し、比較的重要な申請の時に添付します。

なお、印鑑証明という制度がない国や地方公共団体は印鑑証明書が添付できないので不要です。15歳未満の未成年など印鑑証明書が発行できない場合は住民票等で住所確認をしますが、意思確認のために別途資料を提出することとなります。

□委任状

代理人が申請する場合に添付する書類です。実印を求められる場合と、記名があれば良い場合があります。使用者の場合は省略も可能です。しかし、のちのち問題になることもあるので、委任をもらった証拠として委任状か、それに代わるものを依頼者からもらうことをおすすめします。ハンコが不要だからといって、勝手に作成や書き直しができるわけではないので注意が必要です。

□所在証明

使用の本拠の位置（自動車の使用場所）の表示に変更がない場合や、そもそも車庫の申請が不要の場所で車庫証明を提出しない時に、本当にその使用の本拠で自動車を使うのかを確認するために求められることがあります。公共料金の領収書や課税証明書などを提出します。（コピー可）

使用の本拠の位置が使用者の住所と一緒の場合は必要ありませんが、使用者住所と使用の本拠が異なる時は必要なケースが出てきます。

課税証明書は、使用の本拠の位置がある市役所等で発行されます。

□希望番号予約済証

ナンバープレートの下4桁を好きな番号にできる制度があります。その制度を利用する際には、自動車の手続き前にナンバープレートを生産してもらう必要があるので、事前に申し込みを行います。人気な番号は抽選となり、毎週月曜日に結果が発表されます。申し込みをし（抽選の場合は当選後に）代金を支払うと予約済証が

発行されます。インターネット申し込みをした場合は、振込後に送信される登録番号確定のメールを印刷し、ナンバープレートの取り扱い窓口に提出すれば希望番号予約済証を発行してもらえます。

□自動車検査登録印紙

国に支払う手数料を払うための印紙です。国に登録手数料と検査手数料を支払います。

●登録手数料

登録手数料は、新規登録は 500 円～ 900 円、移転登録は一回につき 500 円、変更登録と一時抹消登録・輸出抹消仮登録・輸出届出は 350 円、永久抹消は無料です。

●検査手数料

検査の際に支払う手数料ですが、国には検査登録印紙で支払い、独立行政法人自動車技術総合機構へは下記の自動車審査証紙で支払います。検査手数料の車のサイズや手続きの仕方により異なるので、詳しくは 国の HP を参照してください。https://wwwtb.mlit.go.jp/chugoku/00001_01070.html なお、電子車検証の再交付は 350 円、軽自動車の紙の車検証は 300 円（現金払い）です。

□自動車審査証紙

検査の際に独立行政法人自動車技術総合機構へ手数料を支払うための証紙です。

05

新規登録について
（型式指定車とは、新車新規、中古新規）

□新規登録とは

　現在ナンバープレートの付いていない状態（未登録状態）の車両を登録することを新規登録といいます。工場生産後初めて登録する新車新規と登録抹消後に再度新規登録をする中古新規で必要書類が異なります。新車新規の場合、国内の流通が多い車両は型式指定車となりますので、型式指定車の新車新規登録と中古新規登録について解説していきます。

□型式指定車とは

　型式指定車とは、それぞれの自動車の完成時に製造工場で検査することで、運輸支局等への持ち込み検査を省略することが可能となっている自動車のことです。

□型式指定車のメリット

　多くの国産自家用乗用車は、型式指定車となっているために新車新規登録（軽自動車の場合の新規検査）をする場合に自動車の持ち込み検査をする必要がなく、事務手続きがスムーズです。

　また、車両持ち込み検査が不要になるので、この型式指定車を販売する者（実務的には正規ディーラー）は登録自動車のナンバープレートの封印を自社で行う申請ができ、（乙種封印委託申請）、ナンバープレートの取り付けも自社でできるようになります。封印と型式の申請を行うことで、車をまったく動かすことなく自動車の新規登録ができるようになります。

□型式指定車の完成検査の有効期限

　完成検査時に安全性を保証した書類は完成検査終了証といい、有効期限は9ヵ月です。したがって新車として製造、完成検査してから9ヵ月以内に自動車を登録等できないと、改めて持ち込んで新規検査をする必要があります。

21

登録スケジュールが崩れる恐れがあるので、型式指定車の新車新規登録の申請をする際には、完成検査終了証の発行日を確認することをおすすめします。

□型式指定車の新規登録の必要書類

型式指定車の新車新規登録の必要書類は下記のとおりとなります。

・完成検査終了証（発行後 9 ヵ月以内。電子データで送信するケースが多い）

・譲渡証明書（電子データで送信するケースが多い）

・新所有者の委任状（実印を押印）

・新所有者の印鑑証明書（発行後 3 ヵ月以内）

・新使用者の委任状（省略可）[1]

・新使用者の住民票、登記事項証明書や印鑑証明書等の住所証明
　（発行後 3 ヵ月以内、写し可）[1]

・自動車保管場所証明書
　（所謂「車庫証明」・発行後 40 日以内、車庫証明が必要な地域のみ）

・公共料金の領収書などの使用の本拠の位置の所在証明
　（発行後 3 ヵ月以内、車庫証明が不要な地域で、使用者住所と異なる場合のみ）

・新規登録申請書（OCR シート 1 号様式、運輸支局等で配布）

・手数料納付書（運輸支局等で配布）

・重量税納付書（運輸支局等で配布）

・税申告書（自動車税事務所で配布）

・希望番号予約済証（希望番号を付ける場合）または、ナンバープレート代金[2]

・自動車損害賠償責任保険（共済）証明書（いわゆる「自賠責」、提示のみ）

・再資源化等預託金（リサイクル料金）の預託がされていること（証拠書類不要）

---

[1] 新所有者と新使用者が同じ場合は、新使用者の証明書や委任状は、所有者のものを代用できるので不要となります。

[2] 型式指定車を販売する正規ディーラーは、申請によって封印を自社で行うことができるようになります。関東など都度封印を受け取る場合は、封印受領証を提出します。販売店が封印をできない場合は行政書士が封印できる可能性があるので、自動車に強い行政書士にお問合せください。
（令和 5 年 3 月時のルールです）

□中古新規登録の必要書類

　一度登録した車両の新規登録の必要書類は下記のとおりとなります。

・登録識別情報等通知書

・譲渡証明書（登録識別情報等通知書の所有者から新所有者への譲渡の記録が分かるもの、実印の押印が必要だが、押印した譲渡人の印鑑証明書は不要）

・安全基準に関する書類（下記のいずれか）

　1. 自動車予備検査証（発行後9ヵ月以内）

　2. 保安基準適合証（発行後15日以内、乗用車と一部の貨物に限る）

　3. 合格印のある自動車検査票（持ち込み検査で取得）

・新所有者の委任状（実印を押印）

・新所有者の印鑑証明書（発行後3ヵ月以内）

・新使用者の委任状（省略可）[※1]

・新使用者の住民票、登記事項証明書や印鑑証明書等の住所証明（発行後3ヵ月以内、写し可）[※1]

・自動車保管場所証明書（所謂「車庫証明」・発行後40日以内、車庫証明が必要な地域のみ）

・公共料金の領収書などの使用の本拠の位置の所在証明（発行後3ヵ月以内、車庫証明が不要な地域で使用者住所と異なる場合のみ）

・新規登録申請書（OCRシート1号様式、運輸支局等で配布）

・手数料納付書（運輸支局等で配布）

・重量税納付書（運輸支局等で配布）

・税申告書（自動車税事務所で配布）

・希望番号予約済証（希望番号を付ける場合）または、ナンバープレート代金[※2]

・自動車損害賠償責任保険（共済）証明書（いわゆる「自賠責」、提示のみ）

[※1] 新所有者と新使用者が同じ場合は、新使用者の証明書や委任状は、所有者のものを代用できるので不要となります。

[※2] 新車新規同様正規ディーラーは、自社が販売する中古車についても封印をすることができます。（都道府県ごとに事前申請が必要）JU会員の方はJUに依頼すると持ち込まないで登録をすることができる場合があります。どちらも利用できない場合は行政書士が封印できる可能性があるので、自動車に強い行政書士にお問合せください。

トラックやバスなど緑色のナンバープレートが通常発行される事業用自動車は必要書類が異なるので、P95 を参照してください。

□新規登録と税金
●自動車税種別割
自動車の所有者は毎年自動車税を支払う必要があります。新規登録した場合は、登録時に3月までの自動車税の種別割を月割で支払う必要があります。車の種類と排気量（最大積載量）によって税額が決まります。また、燃費基準によって減税されます。

納税義務者は原則所有者ですが、例外的にローンなどで所有権留保（買い主を使用者、信販会社や販売店を所有者とすること）で登録した場合は、使用者（買い主）が納税義務者となります。

●自動車税環境性能割
自動車を取得した時に支払う税金です。2019年9月末に廃止された自動車取得税とほぼ同じ税金なので、取得税と呼ばれることもあります。自動車の通常の取引価格に燃費基準、車の用途に応じて0.5%〜3%の税率を掛けた金額が税額となります。燃費基準によっては免税になります。

●自動車重量税
自動車の検査の時に支払う税額になります。年額に対して、車検の期間を掛けた金額となります。一般的な自家用乗用車の車検期間は3年間なので、新規登録時に3年分支払うこととなります。自動車重量税の年額は総重量と燃費基準、車両の種類で決まります。

06

変更登録について

□変更登録とは

　所有者住所、所有者氏名、使用の本拠の位置（自動車の使用場所）、型式、原動機の型式、車台番号に変更があった場合に、その原因の日付から15日以内に変更登録の申請をすることとなっています。使用者を別人に変更する場合も変更登録となります。

　使用者の名前の変更や住所の変更があった場合でも、同一人物、同一の法人であった場合（有限会社から株式会社への組織変更も含む）は変更登録にはならず、記載変更（検査証記入申請）となり使用者だけで申請が可能になります。

□車両の改造

　改造によって登録された型式が変更になる場合や、エンジンの載せ替えで原動機の型式が変わる場合は前述の通り変更登録になりますが、この本では申請の多い所有者や使用場所についての変更登録に限定して解説します。

□変更登録の必要書類

・原因書面
・自動車検査証（紛失した場合は再交付が必要）
・所有者の委任状（押印不要）
・使用者の委任状（省略可）
・変更登録申請書（OCRシート1号様式、運輸支局等で配布）
・手数料納付書（運輸支局等で配布）
・税申告書（自動車税事務所で配布）

●使用の本拠の位置が変わる場合の追加書類

> ・自動車保管場所証明書（所謂「車庫証明」発行後 40 日以内、使用の本拠の
>   位置に変更があった場合で車庫証明が必要な地域のみ）
> ・公共料金の領収書などの所在証明（発行後 3 ヵ月以内、使用の本拠の位置
>   が使用者住所と一致しない場合[※1]で車庫証明が不要な地域の場合）

●ナンバープレートの変更が必要な時の追加書類

> ・古いナンバープレート（持込の場合は車ごと）[※2]
> ・希望番号予約済証（希望番号を付ける場合）

[※1]本店移転したにも関わらず使用の本拠を維持する場合や、使用の本拠の位置と異なる住所の使用者に使用者の変更をしたにも関わらず使用の本拠は変更しない場合など、通常は同じ場所に使用拠点があるか分からないケースでは、公共料金の領収書などの所在証明が必要となります。

[※2]ナンバープレート変更は、持ち込まずにできるケースがあるので行政書士に相談してください。

□原因書面とはなにか

　前述のとおり様々な理由で変更登録をしますが、その際に必要となる書類はケースバイケースです。ケースごとに必要書類を例示していきます。

●個人の引っ越しの場合

　個人で引っ越した場合は、住民票を添付します。転居を繰り返している場合は、住民票の除票や戸籍の附票（戸籍に紐付いた住所がすべて載っているもの）を添付します。

　長期間変更手続きを行わずに証明書類が取れなくなった場合は、誓約書[※3]を添付します。（令和元年 6 月 20 日施行から、住民票の除票などの保存期間が 150 年になりましたが、平成 26 年 6 月 19 日以前に除票となった住民票は、保存期間が 5 年なので証明書類が発行できないケースがあります）なお、所有者の場合はコピー不可ですが、使用者の場合（使用場所も変わる場合）はコピーでも大丈夫です。

●個人の氏名の変更の場合

　個人の氏名が変わった場合は、戸籍や住民票を添付します。氏名の変更が分かるものが必要であり、住民票で変更期日が分からないものについても、添付書類としては有効です。（自動車登録業務等実施要領質疑応答集）所有者はコピー不可、使用者はコピーでも大丈夫です。使用者の氏名のみの変更の場合は前述の記載変更という手続きになります。（所有者の書類が不要になり、手数料も無料になります）

●法人の本店移転の場合

　法人の本店移転の場合は、商業登記の履歴事項証明書を添付します。履歴事項証明書には直前の記録と３年以内の変更記録しか記載されないので、住所の変更を証明できない場合は閉鎖事項証明書も添付します。

●法人の商号変更の場合

　法人の商号変更の場合は、商業登記の履歴事項証明書、上記同様に必要に応じて閉鎖事項証明書を添付します。使用者の商号のみ変更になる場合は記載変更となります。

●住居表示の実施（地名○○番地から地名○丁目○番地の○に表示が変更）の場合

　個人の場合は、市町村の発行した住居表示の証明書の写し、法人の場合は原則商業登記の履歴事項証明書ですが、市区町村の発行した住居表示の証明書の写しでも受理されます。なお、使用の本拠の位置の記載も変更になっても同じ場所なので、自動車保管場所証明書（車庫証明）は不要です。

●使用者を別人（個人）にする場合

　住民票または印鑑証明書の写しを添付します。別人なので特に車検証に記載されている使用者とのつながりを付ける必要はありません。

●使用者を別人（法人）にする場合

　商業登記の履歴（現在）事項証明書または印鑑証明書の写しを添付します。営業所などで支店登記されていない拠点を使用者とする場合は、公共料金の領収書又は市町村が発行する課税証明書、営業証明書を添付します。

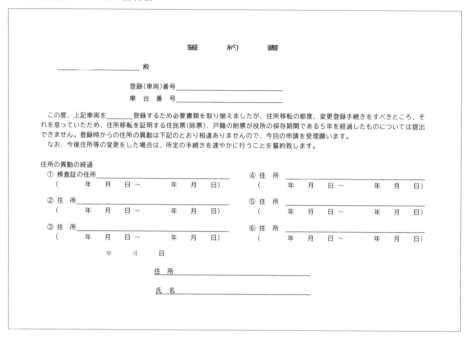

住民票の除票、戸籍の附票などを取得しても平成26年6月19日以前の住所の情報は保存期間満了により確認できないケースがあります。その場合は上記の誓約書に住所の履歴を記載します。

　宛先は北海道、兵庫、沖縄以外の都道府県はその都道府県の運輸支局長宛です。北海道は運輸支局が主要都市にあるのでそれぞれの運輸支局長宛、兵庫は「神戸運輸監理部長」沖縄は「沖縄総合事務局運輸部長」宛となります。登録（車両）番号および車台番号は、車検証記載の番号を記入します。

　本文の「この度、上記車両の＿＿登録」の部分は、変更登録の場合は「変更」と記載します。移転登録時に旧所有者の住所がつながらない場合も使用する誓約書なので、その場合は「移転」と記載します。住所の①〜⑥は古い順に記載してください。氏名住所は記載が必要ですが、署名である必要はなく（印刷でも良い）、押印も不要です。

□変更登録と税金

　車両の変更のない変更登録の場合は原則として、税金はかかりません。例外的に、所有権留保車の使用者が別人になる時には、税法的には車の実質的な所有者が車を

譲渡して、別の人が車を購入したことになるので、自動車税の環境性能割が掛かる可能性があります。

　自社名義でローンをしていた会社が、ローン完済前に下取りし所有者使用者を販売会社とした場合は、商品車として買い取ることになるので古物商の許可があれば非課税となります。また、使用者の変更理由が相続や会社合併の場合は、非課税となります。

□一時抹消、輸出抹消と同時申請の場合の特例

　抹消登録と同時申請の場合は、車検証を紛失していたとしても再交付を受けずに、発見した場合は返却するという内容の理由書を付けて申請することが可能です。

　車庫証明も不要で、使用者住所と異なる位置で抹消したい場合、公共料金の領収書や課税証明書の写しを添付することとなります。

□移転登録・永久抹消登録の特例

　変更登録をするべき原因（氏名や住所の変更）があっても、移転登録や永久抹消登録をする場合には、変更登録を省略することが可能です。移転登録の際は必ず省略しますが、永久抹消の際はどうしても正しい名義で永久抹消したい場合は、変更登録と永久抹消登録を同時に申請することも可能です。その場合は、上記の一時抹消等と同時申請する場合の特例が適用されます。

07 移転登録について

□移転登録とは

　移転登録は、所有者が別人になる時に申請します。法律的には所有権が移転した時にする申請なので移転登録と言います。所有権が移るケースはたくさんありますが、単純な売買や譲渡のケースとローン完済時に担保として付けていた所有権の留保を解除する手続き（所有権留保解除）の必要書類について、それぞれ解説します。

□売買と譲渡の場合の必要書類

　移転登録の最も基本的な形が、売買や贈与の際の必要書類です。かつては売買と贈与で自動車取得税（自動車税環境性能割）の計算方法が法律的には異なっていたのですが、現在はそういった違いもないので両者の区別はあまり必要ありません。未成年の時に無償贈与の例外があるので、その部分については未成年のページで解説します。

　必要書類は下記のとおりです。

・自動車検査証（有効期間のあるもの。紛失の場合は事前に再発行が必要）
・譲渡証明書（旧所有者の実印を押印）
・旧所有者の委任状（実印を押印）
・旧所有者の印鑑証明書（発行後３ヵ月以内）
・新所有者の委任状（実印を押印）
・新所有者の印鑑証明書（発行後３ヵ月以内）
・新使用者の委任状（省略可）
・新使用者の住民票、登記事項証明書や印鑑証明書等の住所証明（発行後３ヵ月以内、写し可）
・自動車保管場所証明書（所謂「車庫証明」・発行後 40 日以内、使用の本拠

の位置に変更があった場合で車庫証明が必要な地域のみ）
- 公共料金の領収証などの所在証明（発行後3ヵ月以内、使用の本拠の位置が使用者住所と一致しない場合で、使用の本拠の位置に変更がない時、または車庫証明が不要な地域の場合）
- 移転登録申請書（OCRシート1号様式、運輸支局等で配布）
- 手数料納付書（運輸支局等で配布）
- 税申告書（自動車税事務所で配布）

●旧所有者が住所や氏名の変更手続きを怠っていた場合（車検証の所有者の記載と旧所有者の印鑑証明書の記載が一致しない場合）は追加で下記の書類

- 車検証記載の使用者住所（氏名）と新所有者の印鑑証明書の記載をつなげる住民票（戸籍謄本・履歴事項証明書）等　p79参照

●ナンバープレートの管轄が変わる場合や、自分で好きな番号に変えたい場合は追加で下記の書類等

- 古いナンバープレート（持込の場合は車ごと）※1
- 希望番号予約済証（希望番号を付ける場合）または、ナンバープレート代金

□ローン完済（所有権留保解除）の場合

　ローン完済の際は、使用者が所有者になるだけなので車庫証明やナンバープレートの変更は原則不要となりますが、ローン支払い中に引っ越していたにも関わらず変更登録をしなかった場合や、せっかくの手続きの機会だから好きな番号に変えたい場合は追加の書類が必要になります。また、申請に必要な印鑑証明書や委任状、譲渡証明書について大きな会社は申請先の近くで書類を発行してもらえるケースがあるので、ローン完済時に送付される資料をよく確認してください。

　必要書類は下記のとおりです。

- ・自動車検査証（有効期限のあるもの。紛失の場合は事前に再発行が必要）
- ・譲渡証明書（旧所有者の実印を押印）
- ・旧所有者の委任状（実印を押印）
- ・旧所有者の印鑑証明書（発行後3ヵ月以内）
- ・新所有者（新使用者）の委任状（実印を押印）
- ・新所有者（新使用者）の印鑑証明書（発行後3ヵ月以内）
- ・移転登録申請書（OCRシート1号様式、運輸支局等で配布）
- ・手数料納付書（運輸支局等で配布）
- ・税申告書（自動車税事務所で配布）

●新所有者（旧使用者）が住所や氏名の変更手続きを怠っていた場合は、追加で下記の書類

- ・車検証記載の使用者住所（氏名）と新所有者の印鑑証明書の記載をつなげる
  住民票（戸籍謄本・履歴事項証明書）等　（詳細はp79）
- ・自動車保管場所証明書
  （所謂「車庫証明」・発行後40日以内、車庫証明が必要な地域のみ）
- ・公共料金の領収証などの所在証明
  （発行後3ヵ月以内、車庫証明が不要な地域で、使用者住所と使用の本拠の
  位置が異なる場合のみ）

●ナンバープレートの管轄が変わる場合や、自分で好きな番号に変えたい場合は追加で下記の書類等

- ・古いナンバープレート（持込の場合は車ごと）※1
- ・希望番号予約済証（希望番号を付ける場合）または、ナンバープレート代金

□移転登録と税金

　移転登録（自動車を取得）をした際には、自動車税の環境性能割の支払いが必要となる可能性があります。実際の取引金額とは無関係に、標準の取引価格を基準として税金が決まります。標準の取引価格が50万円以下の場合は免税となります。ま

た、税率は環境性能等で0%〜3%の間で変動します。各都道府県の税事務所で事前に照会がかけられるので事前に確認するのが望ましいです。なお標準の取引価格は、新規登録から3年経過で新車価格の21〜24%、4年経過で14%〜17%となるので、3年から4年経過で環境性能割が掛からなくなる車両が多いです。

　自動車販売店が仕事として車を自社名義にする場合は、「商品車」環境性能割は非課税となります。古物商の取得が必須なので、古物商の許可証の写しを提出しましょう。一度提出しておけば、次回以降は古物商の許可番号を税申告書に記入すれば継続して非課税となります。なお、使用の本拠の位置は販売場所や保管場所ということで好きな場所に設定できますが、使用者を個人にした場合は「商品車」とは認められないので注意が必要です。

　通常は所有者が納税義務者となりますが、所有権留保の場合は例外的に使用者が車の所有者とみなされて納税義務者となります。所有権留保の解除の場合は移転登録ですが納税義務者は変わらず、自動車を取得したこととならないので税金はかかりません。住所変更があった場合でも同一人物なので、環境性能割はかかりません。

□一時抹消、輸出抹消、永久抹消との同時申請時の特例

　変更登録同様、抹消登録と同時申請の場合は車検証を紛失していたとしても、理由書をつけて申請することが可能です。

　車庫証明が不要で、旧使用の本拠の位置か使用者住所のいずれとも異なる位置で抹消したい場合、公共料金の領収書や課税証明書の写しを添付すること、使用の本拠の位置を維持することができることも変更登録と同じです。

※1 ナンバープレート変更は、持ち込まずにできるケースがあるので行政書士に相談してください。

08

相続および合併の必要書類

□通常の移転と、相続合併との違い

通常の移転の場合は、譲渡証明書を発行して誰に車両を譲ったか明確にし、印鑑証明書と委任状を提出します。しかし、相続や合併の場合は旧所有者は存在せず、印鑑証明書、委任状、譲渡証明書は提出できません。したがって別の書類で権利の移転を証明する必要があります。

□相続と相続人

自動車の所有者がなくなると、車両は自動的に相続人の所有（共有）となります。相続人は、以下の通りとなります。

被相続人（車の所有者）との関係	相続の順位 （上位が1人もいない場合のみ下位が相続人となる）
配偶者（夫または妻）	いる場合は常に相続人
子（代襲あり）	第1順位　⇨　いる場合は常に相続人
直系尊属（父母、祖父母等）	第2順位　⇨　子、孫等がいない場合のみ相続人となる
兄弟姉妹（1代のみ代襲あり）	第3順位　⇨　第1順位、第2順位がいない場合に相続人となる

□第2順位の直系尊属とは

第1順位の子（孫）がいない場合、第2順位の直系尊属（および配偶者）が相続人となります。直系尊属は父母や祖父母等のことですが、相続人になるのは父母の内一人でも生きていれば父母（生存しているもの）が相続人となります。父母が共に死亡している場合で、祖父母のいずれかが生きていれば生存している祖父母が相続人となります。

□代襲とは

　相続人となるものが、被相続人（車の所有者）が死亡する前にすでに死亡していた場合などに、その子どもが相続人の立場を継承することを代襲相続と言います。被相続人の子どもが被相続人より先に死亡していて、その子どもの子ども（孫）が生存している場合は、その孫全員で子どもが相続すべきものを相続します。子どもも孫も死亡していて曾孫がいる場合は、曾孫も継承することができます。

　第3順位の兄弟相続の際は、兄弟が死亡している場合は甥姪が代襲相続人となります。代襲は1代のみで甥姪も死亡していた場合は、甥姪の子どもがいたとしても代襲して相続人となることはできません。

□相続人の具体例

　結婚をしていて子どもが2人の場合は、配偶者と子ども2人が全員相続人となります。子どもの内一人が被相続人より先に死亡していて、3人の子ども（被相続人からみて孫）がいた場合は、配偶者と生存している子ども、死亡した子どもの子ども3人すべてが相続人となります。

　車の所有者が未婚で子どももいない場合、父母が生存していれば父母が相続人となります。父は生きていても母は死亡していた場合、母方の祖父母が生存していたとしても相続人は父のみとなります。

　配偶者はいるが子どもはいない場合で、父母、祖父母その他の直系尊属がおらず兄弟が2人いた場合、配偶者と兄弟2人で相続します。その兄弟が死亡していた場合は甥姪までは相続人となりますが、兄弟とその子どもが死亡していて孫が生存していても前述の通り兄弟の孫は相続人とならないので、配偶者のみが相続人となります。

□相続を原因とした移転登録（遺産分割協議なし）

　車の所有者が死亡した場合、車は相続人全員の共有となりますが、相続人が一人しかいない場合は一人で車を引き継ぐので遺産分割協議をする必要がありません。また、相続人が複数いる場合でも配偶者と未成年の子どもだった時は、未成年者とその親では遺産分割協議はできない[※1]ので、共有のまま登録することとなります。

必要書類は以下のとおりです。

- ・車の所有者の死亡が分かる戸籍謄本
- ・相続人の全員が分かる戸籍謄本[※2]
- ・自動車検査証（有効期限のあるもの。紛失の場合は事前に再発行が必要）
- ・新所有者（相続人複数の場合は全員分）の委任状（実印を押印）
- ・新所有者（相続人複数の場合は全員分）の印鑑証明書（発行後3ヵ月以内）
- ・新使用者の委任状（所有者以外の者を別に定める場合のみ・省略可）
- ・新使用者の住所証明書類（所有者以外の者を別に定める場合のみ・コピー化）
- ・自動車保管場所証明書（所謂「車庫証明」・発行後40日以内、車庫証明が必要な地域のみ）
- ・公共料金の領収証などの所在証明（発行後3ヵ月以内、車庫証明が不要な地域で使用者住所と使用者の本拠の位置が異なる場合）
- ・移転登録申請書（OCRシート1号様式、運輸支局等で配布）
- ・手数料納付書（運輸支局等で配布）
- ・税申告書（自動車税事務所で配布）

●ナンバープレートの管轄が変わる場合や、自分で好きな番号に変えたい場合は追加で下記の書類等

- ・古いナンバープレート（持込の場合は車ごと）[※3]
- ・希望番号予約済証（希望番号を付ける場合）または、ナンバープレート代金

　共有の場合は新所有者が複数になりますが、全員の印鑑証明書と委任状が必要です。所有者は代表者1名を通常の所有者欄に、また使用者を複数人設定することはできないので、使用者を1名にする必要があるのでご注意ください。

□相続を原因とした移転登録（遺産分割協議書）

　相続をした場合、多くのケースでは遺産分割協議により一人の人が承継します。車が不要で売却する場合でも誰か一人が承継してから現金化するケースが実務上は多いです。遺産が多くある場合は遺産分割協議書に不動産、預貯金等様々なものが記載されることとなりますが、自動車の手続きにおいてはその自動車についてだけ

の遺産分割協議書を別途作成し、提出することをおすすめします。

遺産分割協議書を使った場合の必要書類は下記のとおりです。

・車の所有者の死亡が分かる戸籍謄本
・相続人の全員が分かる戸籍謄本※2
・遺産分割協議書（相続人全員の実印を押印）
・その他共通の必要書類

遺産分割協議書は相続人全員の実印を押す必要がありますが、印鑑証明書の添付が必要なのは新所有者となる相続人のみとなります。

□相続を原因とした移転登録（遺産分割協議成立申立書）

前述の通り、遺産分割協議書にすべての財産が記載されている場合は、自動車登録手続きで使う（原本を持ち込んでコピーを提出する）のはおすすめできません。しかし、改めて自動車用の遺産分割協議書に相続人全員の実印を押してもらうのは大変なケースもあります。そこで査定額100万円以下の自動車に限り、新所有者の申立書を遺産分割協議書に代えて使用することができます。相続後に売却するケースでは多く使われる手法です。相続人が自分で使用する場合は査定書の取得の方が手間がかかることもあるので、上記の遺産分割協議書と使い分けてください。（100万円以下の車であっても遺産分割協議書での手続は可能です）

遺産分割協議成立申立書を使用した場合の必要書類は下記のとおりです。

・車の所有者の死亡が分かる戸籍謄本
・新所有者が相続人であることが分かる戸籍謄本※4
・遺産分割協議成立申立書（新所有者の実印を押印）
・その他共通の必要書類
・100万円以下であることが分かる査定書など

なお、遺産分割協議成立申立書は遺産分割協議が成立しており、その他の相続人が遺産分割協議成立申立書を使用して自動車手続を行うことに同意することが必要です。何かトラブルが生じても全責任を負うことを誓約した内容になっているので、

遺産分割協議が成立していないにも関わらず勝手に遺産分割協議成立申立書を使用して登録することがないように注意してください。

※1 未成年の子どもの法律行為は親（親権者）が代わりに行うことができるので、親（親権者）と未成年の子どもの遺産分割協議は、親権者に一方的に有利な内容を親権者だけで決めることができてしまうことになりそうです。それを防ぐために特別代理人という制度があり、親と未成年の子どもが遺産分割協議をする場合は、裁判所で特別代理人を選任する必要があります。しかし、自動車の手続きのためにそこまでするのは不経済なので、通常は共有にして使用するか共有にしてから売却します。

※2【第1順位が相続人となる場合】相続人全員の関係性が分かる戸籍は、被相続人の10歳ごろから死亡までの戸籍で子どもの有無を確認します。子どもがいた場合はそれだけで大丈夫です。名前と生年月日が分かれば良いので、結婚を理由に除籍と書かれていても子どもの最新の戸籍を取る必要はありません。
【第2順位が相続人となる場合】子どもがいないことの分かる被相続人の10歳ごろから死亡までの戸籍（子どもがいて死亡している場合はその死亡が分かる戸籍、孫、曾孫、玄孫についても同じ）、第2順位の相続人の確認ができる親の戸籍が必要となります。祖父母が相続人となる場合は、父母の死亡が分かる戸籍に加えて祖父母の戸籍が必要となります。
【第3順位が相続人となる場合】第3順位の兄弟姉妹が相続する場合は、第2順位の死亡を確認できる戸籍および兄弟姉妹の名前と生年月日が分かる戸籍が必要です。代襲相続がある場合は、死亡した兄弟姉妹とその子どもの戸籍が分かるものも必要です。第2順位の確認をどこまでするかは実は決まっていないのですが、被相続人の親の死亡は日本最高年齢（2021年12月現在で118歳）を超えていない限り、確認できる戸籍は添付するのが無難です。祖父母曾祖父母については本来は確認が必要ですが、提出先にどこまで揃えるか確認することをおすすめします。（もちろん118歳まで確認すれば間違いなく受理されます）
【配偶者のみが相続人となる場合】
第3順位もいないことを証明する戸籍が必要なので、一番大変な手続きとなります。

※3 ナンバープレートの変更は、持ち込まずにできるケースがあるので行政書士に相談してください。

※4【第1順位が新所有者となる場合】死亡した被相続人と新所有者の親子関係が分かれば良いので、死亡した戸籍に新所有者の生年月日と名前（婚姻前で姓が変わっていても良い）が確認

できればそれで足ります。

【第2順位が新所有者となる場合】子どもがいないことの分かる被相続人の10歳ごろから死亡までの戸籍（子どもがいて死亡している場合はその死亡が分かる戸籍、孫、曾孫、玄孫についても同じ）新所有者が父母の場合は、父母の戸籍。祖父母が新所有者の場合は、父母の死亡が分かる戸籍と、祖父母の戸籍。

【第3順位が相続人となる場合】第3順位の兄弟姉妹が新所有者となる場合は、第2順位の死亡を確認できる戸籍および新所有者となる兄弟姉妹の名前と生年月日が分かる戸籍が必要です。代襲相続の場合は、死亡した兄弟姉妹とその子ども（新所有者）の戸籍が分かるものも必要です。第2順位の確認については※2と同じです。

【配偶者のみが相続人となる場合】

死亡した戸籍に配偶者は載っているので、追加の書類は不要です。ただし、元々配偶者のみが相続人の場合は遺産分割協議自体ができないので、遺産分割協議成立申立書を使用することはできず、戸籍をすべて集めて単純な相続の手続きをすることが必要であることに注意が必要です。

□その他の相続関係の手続

上記の申請以外に、遺言による相続分の指定による登録や遺言による遺贈による登録、相続財産管理人による登録などがありますがレアケースなので割愛します。

□会社合併とは

会社の合併とは、2つの会社が1つになることを言います。2つの会社が消滅して新たに1つの会社を作る新設合併と、1つの会社が存続してもう1つの会社を吸収する吸収合併という手続きがありますが、新設合併はデメリットが多くほとんど選ばれないので、ここでは吸収合併の手続きについて説明します。

□吸収合併による移転登録

吸収合併の場合、吸収した法人が所有する自動車については手続きをする必要がありません。同時に名称を変更するケースもありますが、その場合は変更登録の申請が必要です。吸収合併により消滅する会社が自動車を所有していた場合は所有者は消滅し、車両も含めたすべての財産は合併を受けた会社が引き継ぎ、その事実は商業登記の履歴事項証明書で確認ができるので、譲渡証明書、委任状、印鑑証明書は不要となります。

吸収合併時に必要書類は下記のとおりとなります。

・合併の事実が分かる商業登記の履歴事項証明書または閉鎖事項証明書[4]
（その他共通の書類）

なお、会社合併の場合は、使用の本拠の位置が変更にならない場合が多いですが、その場合、例外的に使用の本拠の位置の証明書類は不要です。

吸収合併されたからといって、車を使用していた拠点がなくなる可能性は低いからだと覚えておけばいいと思います。

[3] ナンバープレートの変更は、持ち込まずにできるケースがあるので行政書士に相談してください。

[4] 吸収合併し存続する会社（新所有者）の履歴事項証明書の「吸収合併」の欄には「令和〇年〇月〇日　東京都〇〇区〇〇 X-X-X　〇〇〇〇株式会社（旧所有者）を合併」と記載されます。吸収合併し消滅する会社（旧所有者）の閉鎖事項証明書の「登記記録に関する事項」には「令和〇年〇月〇日　東京都▲▲区▲▲ X-X-X　▲▲▲▲株式会社（新所有者）に合併し解散」と記載されます。どちらの書面でも大丈夫です。

□相続・合併と税金

相続や合併の場合は、自動車税環境性能割は非課税となります。

09

一時抹消登録について

□一時抹消登録とは

　一時抹消登録とは、一時的にナンバープレートを外し車検証を返納して車を使用できなくする登録です。また、自動車税の課税が止まります。移転登録や変更登録と同時に申請することもできます。自動車販売店が下取りした場合、車検の有効期限が短ければ移転登録と同時に一時抹消登録をすることが多いです。

　一時抹消登録をすると、「登録識別情報等通知書」という書類が交付されます。通知書という名前ですが、実質的には「抹消登録をしたことの証明書」で、紛失すると手続きが非常に大変になるので、取り扱いには充分に注意してください。

□一時抹消登録の必要書類

　一時抹消登録をする際の必要書類は下記のとおりです。

・自動車検査証（紛失した場合は理由書^(※1)を添付する）

・所有者の委任状（実印を押印）

・所有者の印鑑証明書（発行後３ヵ月以内）

・一時抹消登録申請書（OCR シート３号の２様式、運輸支局等で配布）

・手数料納付書（運輸支局等で配布）

・税申告書（自動車税事務所で配布）＊東京都など提出不要な地域もあります。

・古いナンバープレート（車両の持ち込みは不要）

　単純な一時抹消は純粋に車を使用しなくなる時に申請しますが、多くの場合は自動車販売業者名義に移転してから抹消します。下記では移転登録と一時抹消登録との同時申請の際の必要書類について説明します。

□移転抹消登録の必要書類

自動車販売店が車検の短い車両を下取りする場合に多く行われる申請です。

- ・自動車検査証（紛失等の場合は理由書添付。有効期限は切れていても良い）
- ・譲渡証明書（旧所有者の実印を押印）
- ・旧所有者の委任状（実印を押印）
- ・旧所有者の印鑑証明書（発行後３ヵ月以内）
- ・新所有者の委任状（実印を押印）
- ・新所有者の印鑑証明書（発行後３ヵ月以内）
- ・公共料金の領収証などの所在証明
  （発行後３ヵ月以内、使用の本拠の位置が所有者（使用者）住所と異なる場合）
- ・移転登録申請書（OCRシート１号様式、運輸支局等で配布）
- ・一時抹消登録申請書（OCRシート３号の２様式、運輸支局等で配布）
- ・手数料納付書（運輸支局等で配布）
- ・税申告書（自動車税事務所で配布）
- ・古いナンバープレート（車両の持ち込みは不要）

●旧所有者が住所や氏名の変更手続きを怠っていた場合（車検証の所有者の記載と旧所有者の印鑑証明書の記載が一致しない場合）は追加で下記の書類

- ・車検証記載の所有者住所（氏名）と新所有者の印鑑証明書の記載をつなげる
  住民票（戸籍謄本・履歴事項証明書）等　（詳細はp79）

```
                      理由書【遺失又は紛失】

            運輸支局長        殿
      今般、                  するにあたり、遺失又は紛失のため返納ができないため、
   下記のとおり申し立てます。なお、発見された場合は速やかに返納するとともに、本件に関し
   て事故・他者への損害等が生じた場合は、一切の責任を負うことを誓約いたします。

      自動車登録番号又は車両番号  _____
      車  台  番  号       _____
      □ナンバープレート  （ 前面   後面   両面 ）
      □自動車検査証
      □軽自動車届出済証
   ○遺失又は紛失した場所、状況及び捜索内容 （遺失又は紛失年月日  令和____年____月____日）

   ○ナンバープレートを取り外した場合は、その理由、外した後の管理状況
   _____
      届出警察署名    _____警察署
      届出年月日及び受理番号 令和____年 ___月 ___日第_____号
   ※届出が受理されなかった場合はその理由
   _____
   _____
         令和____年____月____日
   ┌─────────┬──┐  住 所 _____
   │ 登録担当使用欄 │  │
   ├─────────┼──┤
   │ 警察確認済印  │  │  氏 名 _____
   └─────────┴──┘
```

　宛先は運輸支局長等です。抹消と同時申請の場合しか使用できませんが、登録の種別を記入します。移転登録と一時抹消の同時申請の場合は、「移転登録」と記載してください。「自動車登録番号又は車両番号」「車台番号」は車検証どおりに記載。自動車検査証のチェックボックスにチェックを入れて、紛失の年月日を記載します。車検証の場合は警察への届出は不要です。「使用者」の住所、氏名を記載（印刷可）します。押印は不要です。

□一時抹消登録と税金

　白いナンバーの登録自動車を抹消しないでナンバープレートが付いたまま保有していると、毎年4月1日時点の所有車は自動車税種別割を納付する必要があります。2月までに一時抹消した場合は、4月1日時点の（又は新規登録した）納税義務者に月割で自動車税種別割が還付されます。

　したがって、年度の途中で車を購入した際には自動車税の還付があった場合のことも取り決めておく必要があります。都道府県ごとの様式の還付の委任状を抹消後に提出することで自動車税の還付を、納税義務者以外が受け取ることができます。

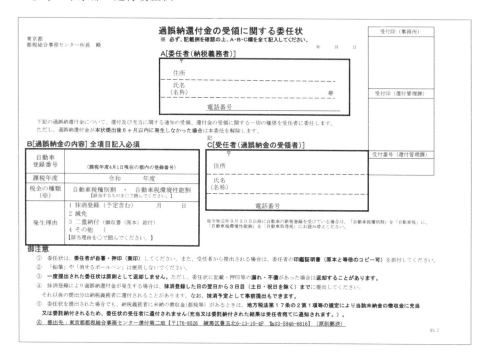

□移転登録と一時抹消登録の同時申請（移転一時抹消）と税金

　移転一時抹消する場合の移転登録時に、自動車税の環境性能割が発生する可能性があります。販売業者の仕入れであれば非課税ですが、手続きを忘れていたケースなどで一般の方が移転抹消申請する場合は、都道府県によっては課税になることもあります。高年式の車両を、移転一時抹消する場合は、申請先の自動車税事務所に確認してください。

10

輸出抹消仮登録について

□輸出抹消仮登録とは

　平成 18 年の法改正により輸出の状態を管理するために新設された制度です。輸出をしようとする者は、輸出抹消仮登録、または輸出の届出をしてから輸出をする必要があります。なお、大型特殊自動車と被けん引車は輸出抹消や輸出の届出の対象外なので、一時抹消の状態で輸出することができます。軽四輪自動車も輸出届出の制度はありますが、軽二輪、小型二輪や原動機付自転車は、輸出届出制度はありません。

　なお、実際の輸出が完了してから輸出済みとして本登録される（データ連携しているので国土交通省に申請は不要）ので、輸出抹消登録ではなく輸出抹消「仮」登録となっています。

□輸出抹消仮登録の必要書類

　輸出抹消の必要書類は一時抹消とほぼ同じです。申請すると「輸出抹消仮登録証明書」が交付されます。一時抹消の際に交付される「登録識別情報等通知書」同様に紛失すると大変な書類なので取り扱いに充分に注意してください。申請書には輸出の予定日を入力します。6ヵ月先の日付まで入力できます。

　輸出抹消仮登録の必要書類は下記のとおりです。

　・自動車検査証（紛失した場合は理由書を添付する）

　・所有者の委任状（実印を押印）

　・所有者の印鑑証明書（発行後 3 ヵ月以内）

　・輸出抹消仮登録申請書（OCR シート 3 号の 2 様式、運輸支局等で配布）

　・手数料納付書（運輸支局等で配布）

　・税申告書（自動車税事務所で配布）

　・古いナンバープレート（車両の持ち込みは不要）

自己所有の車検付きの車を輸出するケースは多くはありません。多くの場合は自動車輸出業者名義が仕入れた車を輸出するので、移転してから輸出抹消します。下記では移転登録と同時申請の際の必要書類について説明します。

□移転登録と輸出抹消仮登録の同時申請（移転輸出抹消）の必要書類

- ・自動車検査証（紛失等の場合は理由書添付。有効期限は切れていても良い）
- ・譲渡証明書（旧所有者の実印を押印）
- ・旧所有者の委任状（実印を押印）
- ・旧所有者の印鑑証明書（発行後３ヵ月以内）
- ・新所有者の委任状（実印を押印）
- ・新所有者の印鑑証明書（発行後３ヵ月以内）
- ・公共料金の領収証などの所在証明（発行後３ヵ月以内、使用の本拠の位置を所有者（使用者）住所以外の場所に設定する場合）
- ・移転登録申請書（OCRシート１号様式、運輸支局等で配布）
- ・輸出抹消仮登録申請書（OCRシート３号の２様式、運輸支局等で配布）
- ・手数料納付書（運輸支局等で配布）
- ・税申告書（自動車税事務所で配布）
- ・古いナンバープレート（車両の持ち込みは不要）

●旧所有者が住所や氏名の変更手続きを怠っていた場合（車検証の所有者の記載と旧所有者の印鑑証明書の記載が一致しない場合）は追加で下記の書類

- ・車検証記載の所有者住所（氏名）と新所有者の印鑑証明書の記載をつなげる住民票（戸籍謄本・履歴事項証明書）等　（詳細はp79）

□輸出抹消仮登録と税金
　一時抹消同様に、納税義務者に月割で還付されます。

□移転登録と輸出抹消仮登録の同時申請（移転輸出抹消）と税金
　移転輸出抹消するケースでは、ほとんど新所有者は古物商を持っているので自動車税の環境性能割は商品車として非課税になります。一般の方が移転輸出抹消をする場合は、一時抹消の場合同様、税事務所に事前に確認してください。

□有効期限経過または輸出を取りやめた場合

　輸出抹消仮登録証明書の有効期限は最長で６ヵ月ですが、何らかの理由でその期間内に輸出ができなかった場合は、15日以内に輸出抹消仮登録証明書の返納をする必要があります。後述の輸出予定届出証明書でも同様です。輸出が延期になった場合は、一度返納したあとで、輸出に係る届出をする必要があります。

□輸出抹消仮登録（輸出予定届出）証明書返納の必要書類

・輸出抹消仮登録証明書または輸出予定届出証明書

・所有者の委任状（省略可）

・輸出抹消仮登録（輸出予定届出）証明書返納届出書（OCRシート３号の２様式、運輸支局等で配布）

・手数料納付書（運輸支局等で配布）

　なお、輸出抹消仮登録証明書や輸出予定届出証明書の有効期限が過ぎてから１ヵ月経過すると輸出の状態の照会があり、輸出済みの場合は輸出抹消登録されます。その場合は返納ができなくなりますので、輸出手続き後に輸出取りやめになった場合は申請先にお問い合わせください。

11

永久抹消登録および重量税還付

□永久抹消登録とは

　二度と車が使えない状態で行う申請を永久抹消登録と言います。永久抹消登録には２種類あり、リサイクル法に基づいた解体を原因とする永久抹消登録と、それ以外の理由による永久抹消登録です。それ以外の理由としては、滅失（水没、火災などで二度と使用できない場合）、用途廃止（物置などに改造して二度と使えない場合）解体（大型特殊自動車やトレーラーなどリサイクル法の対象外の場合に限る）があります。

□リサイクル法に基づく永久抹消登録の必要書類等

　自動車を新規登録する時にリサイクル料を預託しているので、買い手がつかない車は解体業者に引き取られます。解体が完了すると「移動報告番号」と「解体報告日」が通知されます。（インターネットで調べることもできます。http://www.jars.gr.jp/）

- ・自動車検査証（紛失した場合は理由書を添付する）
- ・所有者の委任状（実印を押印）
- ・所有者の印鑑証明書（発行後３ヵ月以内）
- ・永久抹消登録申請書[※1]（OCRシート３号の３様式、運輸支局等で配布）
- ・手数料納付書（運輸支局等で配布）
- ・税申告書（自動車税事務所で配布）
- ・古いナンバープレート（車両の持ち込みは不要）

[※1] 移動報告番号と解体報告日の記入が必要です。

　なお、自動車の解体情報などはネットワークで共有されているので、解体済みの

車両は一時抹消できないので必ず永久抹消する必要があり、移動報告番号等が取得できないケースでは（リサイクル法に基づく）永久抹消登録をすることができません。車検時に支払った自動車重量税について、リサイクル法に基づく永久抹消をした場合は月割で還付されますので、次章で解説します。

□リサイクル法に基づかない永久抹消の必要書類

　前述のリサイクル法に基づく解体以外の理由で、二度と車を使用することがない場合も永久抹消登録の申請をします。自動車重量税の還付は受けられませんので、一時抹消登録と比較してメリットはありません。しかし車が滅失した時、解体された時、用途廃止をした時には15日以内に申請する義務が法律上はあります。

　リサイクル法に基づかない永久抹消の必要書類は下記のとおりです。

・自動車を二度と使わないことが分かる書類
　A　罹災（りさい）証明書（滅失の場合）
　B　当該自動車が用途廃止された旨及び使用目的を記載した申立書及び写真
　　　（用途廃止の場合）
　C　解体証明書またはマニフェストB2票※1（大型特殊自動車及び被けん
　　　引自動車を解体した場合。なお、マニフェストB2票は写しで可とする）
・自動車検査証（紛失した場合は理由書を添付する）
・所有者の委任状（実印を押印）
・所有者の印鑑証明書（発行後3ヵ月以内）
・永久抹消登録申請書（OCRシート3号の2様式、運輸支局等で配布）
・手数料納付書（運輸支局等で配布）
・税申告書（自動車税事務所で配布）
・古いナンバープレート（車両の持ち込みは不要）

※1マニフェストB2票とは、車両を産業廃棄物として処理した時に運搬業者から排出業者（車を事業として使っていた処分を依頼した所有者）に送付される書類です。

申　立　書

自動車登録番号：_____

車　台　番　号：_____

上記自動車について、自動車としての用途を廃止したことを申し立てます。

今後は、下記の目的で使用するものであり、使用状況を確認できる写真を添付します。

なお、自動車の用途廃止の手続きをした場合、当該自動車の再使用ができないこと、自動車重量税の還付申請及びリサイクル費用の預託金の返納がされないことは承知しており、今後一切の異議申し立てはいたしません。

使　用　目　的：_____　　（確認用の写真を添付）

年　　月　　日

氏　名_____

住　所_____

□移転登録と永久抹消登録（リサイクル法適用）の同時申請（移転永久抹消）の必要書類

- ・自動車検査証（紛失等の場合は理由書添付。有効期限は切れていても良い）
- ・譲渡証明書（旧所有者の実印を押印）
- ・旧所有者の委任状（実印を押印）
- ・旧所有者の印鑑証明書（発行後３ヵ月以内）
- ・新所有者の委任状（実印を押印）
- ・新所有者の印鑑証明書（発行後３ヵ月以内）
- ・公共料金の領収証などの所在証明（発行後３ヵ月以内、使用の本拠の位置を所有者住所以外の場所に設定する場合）
- ・移転登録申請書（OCRシート１号様式、運輸支局等で配布）
- ・永久登録申請書（OCRシート３号の３様式、運輸支局等で配布）
- ・手数料納付書（運輸支局等で配布）
- ・税申告書（自動車税事務所で配布）
- ・古いナンバープレート（車両の持ち込みは不要）

●旧所有者が住所や氏名の変更手続きを怠っていた場合（車検証の所有者の記載と旧所有者の印鑑証明書の記載が一致しない場合）は追加で下記の書類

> ・車検証記載の所有者住所（氏名）と新所有者の印鑑証明書の記載をつなげる
>   住民票（戸籍謄本・履歴事項証明書）等　（詳細はp79）

□永久抹消登録と税金

　一時抹消同様に、納税義務者に月割で還付されます。後述の通りリサイクル法に基づいた解体をした場合は、永久抹消の申請をした日を基準として月割で自動車重量税が還付されます。

□移転登録と永久抹消登録の同時申請（移転永久抹消）と税金

　都道府県によって移転永久抹消をする場合に自動車税の環境性能割が課税になる場合と非課税になる場合があるので、一時抹消の場合同様、税事務所に事前に確認してください。

□重量税の還付申請

　リサイクル法に基づいた永久抹消申請の場合、車検時に支払う重量税の還付を受けることができます。重量税の還付を受ける場合は、永久抹消登録申請書（ORC3号の3）に、金融機関名、口座の種類、口座番号と名義人の氏名を記入します。永久抹消登録と同時申請する時には、永久抹消登録と同一の委任状で「永久抹消登録および自動車重量税の還付」について委任したことを分かるように記載します。

　必要書類は下記の通り、基本的に永久抹消登録に添付するものを流用します。

> ・重量税還付申請書
>   （永久抹消登録申請書と併用。口座情報を記載、OCR3号様式の3）
> ・所有者の委任状
>   （永久抹消登録の委任状を併用可）
> ・代理受領の委任状（還付を別人が受ける場合に必要）

12

一時抹消後の手続き

　一時抹消登録をすると登録識別情報等通知書が交付されます。この状態で行う手続きの中で、前述の中古新規登録以外のものについて説明します。なお、この章で解説する一時抹消後の手続の提出先はどこの運輸支局等や自動車検査登録事務所等でも大丈夫です。

□解体の届出（自動車リサイクル法に基づくもの）

　リサイクル法に基づく永久抹消登録を一時抹消後に行うイメージです。登録は抹消済みで所有者を確認するという目的の対象外なので、印鑑証明書などで持ち主の確認はしません。

　必要書類は下記のとおりです。

・登録識別情報等通知書（紛失の場合は理由書添付）

・所有者の委任状（省略可能）

・解体届出書※1（OCRシート3号の3様式、運輸支局等で配布）

・手数料納付書（運輸支局等で配布）

　氏名・住所が登録識別情報等通知書の記載から変更があった場合には、住民票、商業登記の登記事項証明書（コピー可）で変更の事実の証明が必要。

　抹消後に車両の売却をした場合は、実印を押印した譲渡証明書（コピー不可）と新しい所有者の住民票、印鑑証明書、商業登記の登記事項証明書（コピー可）

※1 移動報告番号と解体報告日の記載が必要。

□解体届出と重量税還付申請

解体届出の場合も月割で重量税の還付申請を受けることができます。基準日は一時抹消した日か、引取報告日の遅い方の翌日から月割計算で還付されます。（1月以下の期間は切り捨て）

必要書類は下記のとおりです。

・重量税還付申請書（解体届出書併用）
・所有者の委任状（所有者の住所氏名の記載が必要。省略できません）
・代理受領の委任状（還付を別人が受ける場合に必要）

□滅失または用途廃止の届出

一時抹消した車両であっても、滅失や用途廃止があった場合には15日以内に届け出る義務があります。基本的な必要書類はリサイクル法に基づかない永久抹消に準じますが、解体届出同様に一時抹消中なので印鑑証明書等は不要です。なお、重量税の還付の制度はありません。

・登録識別情報等通知書（紛失の場合は理由書添付）
・所有者の委任状（省略可能）
・解体等届出書（OCRシート3号の2様式、運輸支局等で配布）
・手数料納付書（運輸支局等で配布）
・自動車を二度と使えないことが分かる書類
  A. 罹災（りさい）証明書（滅失の場合）
  B. 用途廃止されたこと及び使用目的を記載した申立書及び写真
    （用途廃止の場合）

□輸出に係る届出

輸出に係る届出は、一時抹消中の登録自動車（対象外となる大型特殊自動車、被けん引車）を輸出する時、その輸出予定日の6ヵ月前から申請することができます。申請後には輸出予定届出証明書が交付され、税関の手続きの際に使用します。軽の四輪自動車にも同名の手続きがありますが、原付や小型二輪、軽二輪については届出制度はありません。前述の対象外となる登録自動車を含めて届出対象外の自動車やバイク等は、ナンバープレートや車検証等を返却後にその証明書を使用して輸出

手続きをします。

　輸出に係る届出の必要書類は下記のとおりです。

　・登録識別情報等通知書
　・輸出予定届出証明書交付申請書
　　（OCRシート3号の2様式、運輸支局等で配布）
　・手数料納付書（運輸支局等で配布）
　・所有者の委任状（省略可能）

　所有者の情報が変更になっている場合は、後述の所有者変更記録の申請をする必要があります。

　なお、輸出取りやめの際の手続きの必要書類は輸出抹消仮登録申請についてのページを参照してください。なお、輸出抹消仮登録証明書返納の場合は、一時抹消登録申請をしたとみなされるため350円の登録印紙が必要ですが、輸出予定届出証明書の返納手数料は無料です。

□所有者変更記録の申請

　登録識別情報等通知書の所有者欄には抹消した時点の所有者（Aとします）の名称が記載されています。この所有者情報を変更する申請を所有者変更記録といいます。同一人物（A）の住所変更の場合でも、別人（Bとします）へ譲渡した場合でも、手続きの名称は変わりません。

　なお、一時抹消中に所有者が変更になった場合は備考欄に一時抹消中に所有者が記載されますが、所有者欄の記載は修正されませんので確認する欄には注意してください。また、個人からの買取の際に個人名のまま抹消してから所有者変更すると登録識別情報等通知書に個人名が残ってしまうので、そういったケースでは個人情報についての承諾を得ておくことをおすすめします。

□所有者変更記録申請の必要性

　まず、所有者変更記録は義務ではありません。したがって申請するかしないかは自由に選択できます。今後車両を再使用する場合は中古新規登録を行うので、その際に譲渡証明書等で登録識別情報等通知書記載の所有者から、（販売業者等を経由して）新所有者に車が譲り渡されたことが証明できれば、特に所有者変更記録をする

必要はありません。

□輸出に係る届出の場合

　輸出に係る届出の場合は輸出の証明書の所有者欄と輸出する者が一致している必要があるので、所有者変更記録の申請が必須となっています。

□リスク回避のため

　抹消中の自動車を購入した人間（B）は、その自動車を登録する義務はないので、登録しないまま売却することもできます。登録識別情報等通知書記載の所有者(A)は、その車の購入者（B）に譲渡証明書（A⇨B）を発行しているはずですが、手続きをしないで売却する場合、購入者（B）は、次の購入者（C）へA発行の譲渡証明書を渡すとともに、譲渡証明書（B⇨C）も発行することとなります。（実際は、Aの譲渡証明書、譲受人空欄の譲渡証明書だけを渡すことも多いですが、厳密には法律違反です）そのケースでCが書類一式を紛失すると、Aの印鑑証明書や実印を押印した理由書が必要となります。BとAが親密でいつでも書類を取り寄せられるならば問題ないですが、Bがオートオークションで仕入れた場合などは、Aの書類が揃わないために手続きができなくなることもあります。そのようなリスクを回避するためにも、Bの立場でもCの立場でもAから書類をもらうことが難しい場合には、リスク回避のために所有者変更記録申請をすることをおすすめします。

□保存義務等を免れるため

　一時抹消中の所有者は、一時抹消（所有者変更記録申請）してから一年以上何の手続きもない場合は、国土交通省から連絡が来る可能性があり、車両を譲渡した場合は3年間その売却を証明する書類を保存する義務があります。次の所有者が所有者変更記録をした場合は、3年間の保存義務はなくなり、国土交通省からの連絡が来ることもなくなるので、そういった責任（前述の紛失の際の証明書発行依頼が来る可能性含む）から解放されるために、新所有者に所有者変更記録を依頼することも考えられます。

　所有者変更記録の必要書類は下記のとおりです。

・登録識別情報等通知書

  （紛失の場合は、申請不可）

・新所有者の住所を証する書面（住民票、印鑑証明書、商業登記の登記事項証
  明書のいずれか、発行後３ヵ月以内、コピー可）

・所有者変更記録申請書（OCR シート３号の２様式、運輸支局等で配布）

・手数料納付書（運輸支局等で配布）

・所有者の委任状（省略可能）

・変更の原因が分かる書面として下記の書類

  ①変更の原因が譲渡（売買、贈与）の場合は、譲渡証明書（譲渡人は実印
    を押印する、印鑑証明書は不要）※1

  ②相続の場合は、申請人が相続人の一人であることが分かる戸籍謄本（必
    要書類は移転登録の遺産分割協議成立申立書の際の必要書類と同様、な
    お遺産分割協議書は不要）

  ③合併の場合は、合併の事実が分かる商業登記の登記事項証明書

  ④所有者の氏名住所の変更、法人の本店、およびその所在地の変更の場合は、
    変更の事実が分かる住民票、戸籍、商業登記の登記事項証明書

  （④に限り、コピー可。自動車登録関係業務質疑応答集 4-21）

　例外的に売買証明書の写しでも申請できることとなっていますが、例外的な取り扱いなので基本的には譲渡証明書を提出することをおすすめします。書き損じ紛失してしまったケースで売買契約書がある場合は、自動車検査登録事務所にご相談ください。（自動車登録関係業務質疑応答集 2 -28）

13

記載変更（自動車検査証記入）について

□記載変更とは

　記載変更とは、登録を伴わない車検証の記載内容を変更する申請です。変更登録のように持ち主は別人にならないですが車検証の記載を変える必要があり、且つ変更登録に該当しないケースです。（使用者の氏名、住所の変更が代表例）

　使用者の変更の他に車のサイズなどの変更がありますが、こちらについては整備事業者等に相談していただければと思いますので、本書では割愛したいと思います。

□使用者の変更

　勘違いされやすいですが使用者の氏名と住所は登録事項ではないので、これらの項目だけが変更になった場合は変更登録ではなく、記載変更となります。

　使用者の住所氏名が変わった場合で所有者の名前、住所、使用の本拠の位置の変更がなければ、記載変更となります。例外的に、使用の本拠の位置が同一の場所でも使用者が別人に変わった場合は、変更登録となります。（使用の本拠の位置の変更があったと解釈されているからですが、結論だけ覚えていれば問題ありません）

□記載変更（使用者の変更）必要書類

- ・原因書面（氏名、名称、住所の変更を証明する書面、コピー可）
- ・公共料金の領収証などの使用の本拠の位置の所在証明
  （使用者の住所と本拠の位置が異なる際に必要となる場合がある）
- ・自動車検査証（紛失した場合は再交付が必要）
- ・使用者の委任状（省略可）
- ・検査証記入申請書　（OCRシート1号様式、運輸支局等で配布）
- ・手数料納付書（運輸支局等で配布）
- ・税申告書（自動車税事務所で配布）

□原因書面（氏名、名称、住所の変更を証明する書類）とは

使用者が個人の場合で住所の変更の場合

　住所のつながりが証明できる住民票（発行後3ヵ月以内・コピー可）

　住民票のみで住所のつながりが証明できない場合は、住所のつながりが証明できる「住民票の除票」、「戸籍の附票」も必要です。なお、この場合原則として使用の本拠の位置に変更がないとする挙証書面が必要です。引っ越したにも関わらず元の住所で車を使い続けることは現実的に考えづらいからです。ただし、記入申請前の車検証の使用者住所と使用の本拠の位置が異なる場合にあっては、元々別の場所で使っていたので、改めての証明は不要となります。

●使用者が個人の場合で氏名の変更の場合

　氏名の変更の事実が証明できる戸籍謄本又は戸籍の全部（一部）事項証明書若しくは住民票（発行後3ヵ月以内・コピー可）

●使用者が法人の場合で住所の変更の場合

　住所のつながりが証明できる商業登記簿謄本又は登記事項証明書（発行後3ヵ月以内・コピー可）

　登記簿謄本（履歴事項証明書）のみで住所のつながりが証明できない場合は、住所のつながりが証明できる閉鎖謄本（閉鎖事項証明書）も必要。法人の場合は、使用の本拠の位置と本店所在地が一致しないケースが多いですが、元々一致しないケースでは、使用の本拠の位置についての挙証書面は不要です。元々本店で使用していた場合に本店機能は移転したものの、本店が営業所や支店として継続して車両を利用をする際には、挙証証明を添付します。

●使用者が法人の場合で名称の変更の場合

　名称の変更の事実が証明できる　商業登記簿謄本又は登記事項証明書（発行後3ヵ月以内・コピー可）

●使用者の住所の変更の原因が住居表示の変更の場合

　個人・・・市区町村の発行した住居表示の変更の証明書（コピー可）

　法人・・・商業登記簿謄本又は登記事項証明書（コピー可）が原則です。市区町村の発行した住居表示の変更の証明書（コピー可）の添付でも受理されますが、登記

の変更についての指導をされる可能性があります。

　なお、使用者住所と使用の本拠の位置が同一の場合は、使用の本拠の位置も変更になるので変更登録になります。住居表示の変更で変更登録にならない場合は、元々使用の本拠の位置と使用者の住所が異なっている場合に限られます。別の場所なので挙証証明は不要です。

　※住居表示の実施とは、東京都日野市日野○○○○○という住所が、東京都日野市日野○丁目○番地○というような丁目番地の表記に変更になることです。市町村合併など異なり、個別の番地がどのような住所に変更されたのか、個別に証明する必要があります。

□使用の本拠の位置の所在証明とはなにか

　住所が変更になった場合は、元の場所に使用の本拠となりうる拠点が残っているかどうかは分かりません。個人が引っ越した場合は、通常引越し前の住所で車を使用するということはありません。法人の場合は、本店を変えたが旧本店が営業所として残っているということはありえますが、必ずしも旧本店で営業を続けるわけではありません。したがって、使用の本拠の位置に変更がない、つまり元の所在地で車両の管理を続けていることを証明する書類が必要となります。

　証明する書類としては下記の書類を提出します。

●使用者が個人の場合

> ・公的機関発行の事業証明書又は営業証明書、継続的に拠点があることが確認
> できる課税証明書、電気・都市ガス・水道・固定電話料金領収書のいずれか
> （発行後３ヵ月以内・コピー可）

●使用者が法人の場合

> ・商業登記簿謄本又は登記事項証明書もしくは印鑑（登録）証明書（本店以外
> で商業登記簿謄本又は登記事項証明書で証明できない場合、公的機関発行の
> 事業証明書又は営業証明書、継続的に拠点があることが確認できる課税証明
> 書、電気・都市ガス・水道・固定電話料金領収書のいずれか発行後３ヵ月以内・
> コピー可）

□記載変更（使用者の変更）の具体例

　リース車両や所有権留保の車両で、使用者が法人の本社、使用の本拠が営業所の
ケースで本店移転をしたが同一の営業所で使用するケースが代表例です。この場合
は所有者の情報と使用の本拠の位置に変更がなく、使用者が同一人物なので使用者
の情報のみの変更で記載変更となります。

　ローンを組んでいて所有権留保となっている車両の持ち主が結婚して苗字の変更
をしたが住所の変更がなかった場合も、記載変更となります。個人の場合は使用者
の住所が使用の本拠となる場合が多いので、記載変更になるケースは氏名の変更が
多いです。結婚と同時に引っ越しをするケースでは、通常は使用の本拠の位置も変
更されるので変更登録となります。

14

自動車検査証の再交付

□自動車検査証（車検証）の再交付

　車検証の再交付の理由としては、汚してしまったり、破いてしまったというケースもないことはありませんが、紛失による申請が圧倒的に多いです。車検証がないと移転登録や変更登録ができないだけでなく、その自動車の運転もできなくなります。自動車検査証の紛失に気がついた時には速やかに再交付の申請をしましょう。

□車検証再交付の必要書類

　・使用者の委任状（省略可能）
　・自動車検査証（き損又は識別が困難となった場合など提出できる時のみ）
　・検査証記入申請書（OCRシート3号様式、運輸支局等で配布）
　・手数料納付書（運輸支局等で配布）
　・使用者または代理人の本人確認書面として下記のいずれか。

　① 運転免許証
　② 被用者保険証、国民健康保険被保険者証
　③ パスポート、在留カード、特別永住者証明書
　④ 顔写真付き又は氏名及び住所を確認できる身分証明書

　なお、検査証記入申請書には、登録番号（ナンバープレートの番号）と使用者の氏名、住所の記載、及び再交付を受ける理由の記載が必要です。理由書をつけることでこちらの記載に代えることもできますが、申請書に記載することをおすすめします。なお、紛失の場合は、発見の際には返納すると記載する必要もあります。

□住所が変わっている時

　申請書に書く住所は現在の住所ですが、車検証発行時から引っ越しなどで住所が変わっているにも関わらず変更登録をしなかった場合、申請書に書く実際の住所と国土交通省で把握している自動車の使用者の住所が一致しません。したがって使用者本人からの申請か分からないため、申請の際には車検証記載の住所と現住所を併記して記載することとなります。なお、特に住所のつながりを証明する書面を添付する必要はありません。

□発見した時

　車検証を紛失した場合は、必ず理由書または申請書に発見したら返納する旨の記載が必要です。したがって発見した時には、どこでもいいので運輸支局か自動車検査登録事務所に返却しましょう。

　発見した古い車検証を使って申請しても受理されません。その車検証は返納する誓約をしているものなので、申請に添付した場合は、原則として没収されます。改めて再交付申請で交付を受けた車検証を使用して登録申請をしましょう。

☐理由書

　下記の理由書を使う場合は、雛形に発見された場合には速やかに返納するように書いてあるので、車両の情報と紛失理由、記入年月日、氏名、住所を記載して提出します。

```
                    理由書【遺失又は紛失】

_____ 運輸支局長 _____ 殿

     今般、_____ するにあたり、遺失又は紛失のため返納ができないため、
  下記のとおり申し立てます。なお、発見された場合は速やかに返納するとともに、本件に関し
  て事故・他者への損害等が生じた場合は、一切の責任を負うことを誓約いたします。

        自動車登録番号又は車両番号 _____

        車　台　番　号 _____

        ☐ナンバープレート 　（　前面　　後面　　両面　）
        ☐自動車検査証
        ☐軽自動車届出済証

  ○遺失又は紛失した場所、状況及び捜索内容　（遺失又は紛失年月日　　令和____年____月____日）
  _____

  ○ナンバープレートを取り外した場合は、その理由、外した後の管理状況
  _____

        届出警察署名 _____ 警察署
        届出年月日及び受理番号　令和____年____月____日第_____号
  ※届出が受理されなかった場合はその理由
  _____
  _____

        令和____年____月____日

  ┌───────────────┐      住　所 _____
  │　登録担当使用欄　│
  ├───────┬───────┤      氏　名 _____
  │警察確認済印│　　　│
  └───────┴───────┘
```

15

検査標章の再交付

□検査標章（車検ステッカー）とは

　車両購入時の新規検査や継続検査時に、車検の有効期限が書いてあるステッカーが交付されます。車検ステッカーは、運転者席側上部で、車両中心から遠い位置に貼り付けます。車両購入時は販売店が貼るのが一般的です。継続車検の時には、自分でユーザー車検の申請した場合には本人が貼る必要があります。また、指定整備工場に継続車検を依頼した場合には休日に検査をしてもらい、先に車両が返却され後日新しい自動車検査証と車検ステッカーが送られてくると思います。忘れないように車検ステッカーを貼り、車検証を車に乗せる必要があります。

　貼付位置の注意点として、フロントガラスに色が付いている場合は、外側から見やすいように、色の付いていない場所に貼り付ける必要があります。また、フロントガラスの存在しない小型二輪やトレーラー（被けん引車）の場合は、ナンバープレートの左上に貼り付けます。

　＊フロントガラス用とナンバープレート用でシール自体が異なるので注意が必要です。

　画像引用元：国土交通省 WEB サイト

　https://www.jidoushatouroku-portal.mlit.go.jp/jidousha/kensatoroku/about/
inspect/sticker/index.html

☐検査標章再交付の必要書類

- ・使用者の委任状（省略可能）
- ・自動車検査証（紛失した場合は再交付が必要）
- ・検査標章再交付申請書（OCRシート3号様式、運輸支局等で配布）
- ・手数料納付書（運輸支局等で配布）

申請書には、再交付の理由を記載してください。

☐検査標章再交付の申請先

検査標章の再交付は、最寄りの運輸支局や自動車検査登録事務所で申請することができます。なお、車検証の再交付は管轄で申請する必要があるので注意が必要です。

16

未成年の登録

　未成年が登録する場合には、親権者または未成年後見人の同意が必要になるケースがほとんどです。未成年について解説していきます。

□未成年と売買

　未成年については判断能力が成人と比較して充分でないと考えられており、未成年者の保護の制度があります。自動車の売買においては、未成年との売買契約が成立しても親権者や未成年者はそれを取り消すことができることとなります。取り消すことができる不安定な状態を解消するために、親権者等が売買契約に同意することで売買契約が取り消せなくなります。事前の同意でも事後の追認でもこれは変わりません。

□未成年者の売買と登録

　未成年者が売買した場合、あとから取り消される危険性があるので前述の同意がない限り登録することはできません。売買契約の段階で親権者等の同意をもらい、登録手続きをしましょう。なお、親権者等の同意書には親権者の実印を押して原本を登録時に提出します。

□親権者の同意書を使用して登録する際の必要書類

通常の書類に加えて

・未成年者の同意書（両親の実印を押印）

・両親のうちの一方の印鑑証明書（発行後３ヵ月以内）

・親権者が分かる戸籍謄本

　なお、未成年者が15歳未満などで印鑑証明書が発行できない場合は、印鑑証明書の代わりに住民票を添付します。その際は、実印登録ができないので認印での押印となります。15歳以上で未成年で印鑑証明書が発行できる場合は印鑑登録をして申請します。地方自治体によって印鑑証明書が発行できる年齢は異なりますが、東京では15歳以上であれば印鑑証明書の発行が可能です。

□未成年者の相続と登録

　未成年者が自動車を相続することもあります。自動車の所有者である親（父）が死亡し、その配偶者（母）と未成年者と自動車を相続するケースが多くあります。相続があると、多くの場合は車の持ち主を定める遺産分割協議をしてその後自分で使用するか、売却するかという流れになります。しかし、母と未成年者の子で遺産分割協議をする場合は、母親が子の親権者として一人ですべてを決めることを許してしまうと母親が一方的に有利な判断をすることができるので、これは認められていません。財産が多い場合は特別代理人を立てて母親と子の代理人とで遺産分割協

議を行うこともありますが、自動車だけ先に処分したいケースでは、一旦共有（母と子が両方とも所有者）で登録しそのまま自動車を売却することが多いです。

□未成年者の自動車を売却

　上記の例の場合など、未成年者の所有（共有）する自動車を売却することもあります。その場合も、原則通り親権者が同意することもできます。しかし、相続の後の場合など未成年者が15歳に満たないケースでは、未成年者が自分で決めたことに親権者が同意することよりも親権者が未成年の代わりに売却を決めるケースがほとんどです。その場合は代理人として手続きすることとなり、未成年者本人の委任状や譲渡証は提出せず、代わりに代理人が「未成年者　○○（氏名、住所）　親権者○○（氏名、住所）」という形で委任状と譲渡証明書を発行することとなります。

□相続などの際に単独の親権者が未成年者を代理して登録する場合の必要書類

　かなり複雑ですが、それなりにある事例として、子ども一人の夫婦の夫（車の所有者）が死亡し、妻と未成年の子どもが相続人となったが、車自体が不要なためディーラーに売却するケースの必要書類をお伝えします。

・車検証原本（有効期限があるもの）
・所有者死亡の事実と相続人全員の関係が分かる戸籍謄本
・未成年の子の親権者が分かる戸籍謄本
　（上記の戸籍で親権者が分かれば一通で良い）
・妻（親権者）の印鑑証明書（発行後3ヵ月以内）
・子の親権者の委任状
・妻の委任状（上と同じ人物で同じ印鑑だが、肩書が違うことに注意、
　上と一枚にまとめることができる）※1
・未成年者の印鑑証明書（発行できない場合は住民票：発行後3ヵ月以内）
・譲渡証明書（未成年者の親権者としての押印と、妻としての押印が必要）※2
・下取りするディーラーの印鑑証明書（発行後3ヵ月以内）
・下取りするディーラーの委任状
・下取りするディーラーの車庫証明　（抹消する場合は不要）
・その他運輸支局等で取得可能な書面、申請書等
・古いナンバープレート（必要に応じて）

※1 委任状の記載例

第21号様式（譲渡証明書）

譲渡証明書

次の車両を譲渡したことを証明する

車名	型式	車台番号	原動機の型式
トヨタ	DAA－ ○○○	○○○-1234567	L13A

譲渡年月日	譲渡人及び譲受人の氏名又は名称及び住所	譲渡人印
	品川一朗 東京都品川区東大井1丁目12－17 親権者　品川花子 　　東京都品川区東大井1丁目12－17 品川花子 東京都品川区東大井1丁目12－17	花子品川 花子品川
備考		

（日本工業規格Ａ列５番）

(注)型式の変更等があった場合は、備考欄にその旨を記入すること。

17

支配人について

□支配人とは何か

　株式会社や一般社団法人等の法人は、法律上人と扱われていて自動車を所有することも登録申請することも可能です。しかし、法人自体には手も口もないので、法人の代わりに実際の意思決定をする人が必要です。会社の代表者（社長、代表取締役）が会社に代わって意思決定をする人です。したがって手続きをする時に記名するのは、通常は会社の代表者（社長、代表取締役）となります。

　会社の代表者は会社全体の判断をしますが、場合によっては一部の判断を任せる必要もあります。実際問題としては部長や支店長にも権限を移譲することもあると思いますが、法律上裁判や契約をするには、「支配人」という形で登記する必要があります。

　支配人は、配置された営業所の事業について全ての権限を有します。したがって自動車の売買もできますし、登録申請もすることができます。申請に必要な印鑑証明書も発行されます。しかし、支配人の印鑑証明書の記載事項は代表者の印鑑証明書とは異なり、本店所在地の記載がなく代わりに配置された営業所についての記載があります。

□支配人の印鑑証明書提出時の注意点

　前述のとおり、支配人の印鑑証明書には支配人の氏名と支配人を置いた営業所の住所が記載されていますが、本店所在地が記載されていません。そこで、登録申請の際に支配人の印鑑証明書を添付する場合は、本店の所在地を確認するために登記事項証明書を別途添付する必要があります。

□登記事項証明書の添付が不要な場合

　支配人の印鑑証明書を提出しない場合は、登記事項証明書は不要です。新規登録前の所有権の移動を証明する譲渡証明書に支配人の名前があったとしても、そもそ

も印鑑証明書を添付しないので登記事項証明書は提出する必要がありません。ただし、印鑑自体は登録された法人の支配人実印を押印します。

　また、印鑑証明書の添付、実印の押印が不要な変更登録等の場合は、支配人による申請であっても登記事項証明書の添付は不要です。単純に委任状を支配人の名前で発行することができます。

□支配人の記載の仕方

　法人が譲渡証明書や委任状を発行する時は法人名、本店所在地、配置された営業所、支配人の肩書、氏名を記載します。

　記載例は下記の通り

　○○株式会社
　本店　　　東京都○○区○○
　営業所　東京都○○市○○
　支配人　　田中　太郎　印

□支配人の印鑑証明書の活用方法

　前述のとおり支配人の印鑑証明書には営業所の住所が記載されているので、営業所の住所証明として使用することが可能です。営業所名などは印鑑証明書に記載がありませんが、委任状に「株式会社○○　▲▲支店」と記載すれば、その支店名で使用者として自動車検査証に記載することが可能です。

18

利益相反取引と自動車登録

☐利益相反取引とは

　利益相反とは、一方には利益があるけどれども、もう一方には不利益が発生する行為を言います。

　会社が社長個人の車を購入する場合は一人二役で取引します。会社としては安く買うことが会社のためになりますが、個人の立場だと車を高く売る方が得になります。このように両者の利害が対立する場合は社長個人のさじ加減で値段が決まってしまうため、原則として取引が禁止されており取引したとしても無効となります。

　未成年とその親権者の場合も親権者は未成年の代理人となることができるので、未成年の代理人としての親権者と親権者個人との取引は法律で規制されています。（遺産分割協議をすることもできません）

☐利益相反取引の例外

　利益相反取引であっても一律禁止するとかえって問題が生じるので、別途承認をもらったり別の代理人や代表者を選任することで利益相反の状態でも取引できるようにしたり、利益相反が起こらないようにすることができます。

　別の代理人等を選任するケースはあまりないので割愛し、ここでは承認をもらうケースについて解説していきます。代表者個人と会社の取引の場合は、会社の承認が必要となります。会社同士の取引の場合は、双方の会社がそれぞれ承認が必要となります。ただし、登録申請時添付書類を提出するのは登録申請車だけなので、新規登録の際は新所有者の議事録があれば良いです。しかし、移転登録の場合は新旧どちらの所有者でも利益相反取引に該当した会社は、承認を証明する書類を必要とします。

□承認により利益相反取引でも例外的に認められる場合の追加の添付書面

・取締役会のある株式会社の場合は取締役会議事録
・取締役会のない株式会社の場合は株主総会議事録
・有限会社の場合は株主総会議事録
・理事会のある一般社団法人の場合は理事会議事録
・理事会のない一般社団法人の場合は社員総会議事録
・一般財団法人の場合は理事会議事録

　上記の法人は、それぞれ会社法と一般社団財団法人法で利益相反取引でも有効にする手段が定められているので、それぞれの会議で承認をもらい、その議事録（すべてコピー可）を添付します。

　株主総会議事録と取締役会議事録は、国土交通省がひな形を公開しているので参考にしていただければと思います。

取 締 役 会 議 事 録

　　　　　　　　　　　　　　　　　　　　　　　　　　年　　月　　日

開催日時　　　　　年　　月　　日

　　　　　　時　　分より　　時　　分　　　　以上で会議が終了したので閉会した。

　　　　　　　　　　　　　　　　　　　　この議決を明確にするためこの議事録を作成し、出席取締
開催場所　_____　役全員がこれに署名押印する。

出席取締役 _____名 （取締役定数 _____名）

　下記議案を審議するため、取締役の_____は　　　社　　名
議長に選任され、開会した。
　　　　　　　　　　　　　　　　　　　　　代表取締役　　　　　　　　　　　代表者印
　　　1号議案　　自動車売買承認の件

_____所有の自動車　　　　出席取締役　　　　　　　　　　　印
　　　　　　　　　　　　　　　　　　　　　出席取締役　　　　　　　　　　　印
登録番号　_____　　出席取締役　　　　　　　　　　　印
車台番号　_____ を　出席取締役　　　　　　　　　　　印
_____に（譲渡・譲受）　　　出席取締役　　　　　　　　　　　印
する件について議長より付議し、承認を求めたところ全員意　出席取締役　　　　　　　　　　　印
義なく同意した。　　　　　　　　　　　　　出席取締役　　　　　　　　　　　印

```
          株 主 総 会 議 事 録

  開 催 日 時        年   月   日   時   分
  開 催 場 所    _____
  株 主 総 数    _____名
  発行済株式総数    _____株
  議決権を有する株主数    _____名
  議決権のある株式数    _____株
  出席株主数（委任状含む）    _____名
  その議決権の数    _____株


    代表取締役の_____は、議長に選任され、下記議案について可決決
  定の上、____時____分解散した。


1、議案
  _____所有の下記自動車を_____に
  (譲受・譲渡) する件。
    登録番号_____  車台番号_____

  以上の議決を明確にするため、この議事録を作成した。

                              年   月   日

  会 社 名_____

    議 長    代表取締役
    出席取締役
    出席取締役
    出席取締役
    出席取締役
    議事録の作成に係る職務を行った取締役の氏名_____
```

□ケースで考える必要書類

ケース1　社長個人の車両を会社が購入

新規登録でも移転登録でも会社の株主総会議事録等が必要

ケース2　会社の車両を社長個人が購入

新規登録では議事録の添付不要だが、移転登録では会社の株主総会議事録等を添付

ケース3　同一代表のA社（代表X）の車両をB社（代表X）が購入

新規登録ではB者の議事録のみ添付、移転登録ではAB両社の議事録を添付

75

19

清算結了した会社の
法人名義の車両買取

□清算とは

　株式会社などで事業を継続できなくなり廃業する時には、清算というプロセスを取る必要があります。いきなり会社がなくなると、会社に対して債権を持っている（仕事を頼んでいる、お金を貸している）関係者が困るからです。

□清算中の手続き

　会社が清算という段階に入ったら、やるべきことを行い、持っている財産はすべて株主（＝会社のオーナー）に分配されます。自動車があった場合も、売却して現金化する必要があります。代表者が買い取る場合は、原則として前述の利益相反行為に該当するので清算人会または株主総会での決議で承認する必要があります。自動車を含むすべての財産の処分が終わり株主への分配が完了してから、清算が終わった旨（清算結了）の登記をして会社は完全に閉鎖されます。

□清算結了後の法人名義の自動車

　本来であれば、清算中に自動車は現金化する必要があるのですが、株主＝代表者個人の場合は清算行為で必要な自動車の売却を行わず、そのまま個人で使い続けることがよくあります。そして、その車両が古くなったタイミングで売却しようとします。

　しかし、清算が完了した法人は印鑑証明書が発行されないので、通常の方法で移転登録をすることができません。会社名義の車が残っているのであれば、前述の清算結了の登記をすべきではないので取り消すべきとも考えられますが、自動車登録に関してだけであれば、一定の要件のもとに、清算結了したまま移転登録をできるようにしました。

□清算結了したまま移転登録する要件

①元代表清算人（通常は、旧代表取締役が就任）が生存していること

②自動車を清算結了の登記以前に売却（譲渡）していること

清算結了時の元代表清算人の理由書が必要です。したがって、元代表清算人が死亡している場合はこちらの手続きを取ることができません。また、自動車は清算結了の登記以前に売却等している必要があります。個人オーナーの会社の車の場合、すでにない会社の自動車を借りている認識なら清算をやり直すべきです。会社名義の車を自分のものとした認識があれば清算をやり直す必要がありません。（株主が代表者一人の場合は、利益相反とならないので無償の譲渡も登録上は問題ありません）

□具体的な手続方法

法人名義の自動車を一旦元代表清算人（元社長）にして、その後販売店へ移転させます。移転登録を2回行いますが、同時に申請が可能なので元代表清算人の車庫証明は必要ありません。実務上、中間にいるべき元代表清算人名義にする過程を飛ばして直接販売店名義にすることも多く行われていますが、本来は正しいやり方ではありません。

□必要書類（法人A→元代表清算個人B→販売店C）

・自動車検査証（有効期限のあるもの。紛失の場合は事前に再発行が必要）

・譲渡証明書1（A→B　法人の元清算人としてBの実印を押印）

・譲渡証明書2（B→C　個人としてBの実印を押印）

・履歴事項全部証明書（Aの商業登記の証明書、元代表清算人と清算結了の旨を確認）

・清算を結了した法人の譲渡に関する理由書（Bの実印を押印）

・法人Aの株主名簿

　（Bが100%株主の場合、それ以外の場合は利益相反に関する書類が必要）

・法人Aの委任状（法人の元代表清算人としてBの実印を押印）

・元清算人Bの委任状（Bの実印を押印）

・Bの印鑑証明書（発行後3ヵ月以内）

・販売店Cの委任状（実印を押印）

・販売店Cの印鑑証明書（発行後3ヵ月以内）

・自動車保管場所証明書（所謂「車庫証明」・発行後40日以内、使用の本拠

の位置に変更があった場合で車庫証明が必要な地域のみ)
・公共料金の領収証などの所在証明
　(発行後3ヵ月以内、使用の本拠の位置が使用者住所と一致しない場合で車
　庫証明が不要な地域の時)
・移転登録申請書　2枚(OCRシート1号様式、運輸支局等で配布)
・手数料納付書(運輸支局等で配布)
・税申告書　2組(自動車税事務所で配布)
・古いナンバープレート(必要に応じて)

　上記の正しい申請方法は利益相反も絡んで複雑なので、事前相談をおすすめしま
す。

20 車検証に記載された住所と印鑑証明書の住所が異なる時の追加書類

□はじめに

　移転登録の際、車検証の住所と現在の印鑑証明書の住所が違う場合は、同一人物であることの証明として住所のつながりを証明するために公的機関発行の証明書が必要になります。

□個人の場合

　個人の場合の証明書類は住民票、住民票の除票、戸籍の附票、戸籍の除附票になります。

　複数回の引っ越しをしていた場合は、すべての住所の履歴をつながりとして証明する必要があります。引っ越しから5年以上経過したものについては、役所の保存期間が終了したとして取得できないものもあります。（現在は150年の保存期間なので、古い履歴の時のみ）その場合には、宣誓書と取れるだけの住所のつながりの証明を添付して登録します。

　書類の取得先と、証明範囲は原則として下記のとおりになります。

　例外的に、同一市内での引っ越しについてはすべて住民票に記載する市町村もあります。住民票を取得しないで除票だけで住所のつながりを証明する場合は事前に確認が必要です。

証明書	取得場所	証明範囲
住民票	現住所の市区町村	現住所と直前の住所
住民票の除票	以前住んでいた市区町村	転入前、住んでいた住所、転出先の住所
戸籍の附票	現在の本籍地	入籍した時点からの住所の履歴
戸籍の附票の除票	以前の本籍地 （結婚、離婚など）	入籍した時点から除籍されるまでの住所の履歴

●引っ越しが一回の場合の住所のつながり

住民票を現在の居住地で取得します。現在の住所と直前の住所が記載されるので、車検証と印鑑証明書を住民票だけでつなぐことができます。

●引っ越しを2回以上している場合（車検証発行が平成26年6月20日以降）
住民票と住民票の除票で住所をつなげる方法

住民票を取得し、住民票にある転入元住所についての住民票の除票を取得します。住民票の除票の転入元にも記載がなければ、さらに転入元の住民票の除票を取得します。

何度も転居していると手間と時間がかかります。

なお、前住所が正確に分かる場合には住民票の取得を省略して印鑑証明書と住民票の除票で2回の引っ越しをつなげることも可能です。（下記参照）

	記載内容	
車検証	住所　A	
住民票の除票	転入元の住所　A	
	除票記載の住所　B	
	転出先の住所　C	
印鑑証明書	現在住所　C	

●戸籍の附票、戸籍の附票の除票で住所をつなげる方法

本籍地が分かる場合は、戸籍の附票を取得します。戸籍の附票には現在の戸籍にいる間の住所の履歴がすべて載るので、結婚などで戸籍を動かしていない場合は戸籍の附票を取れば自動的に住所がつながります。

また、結婚などで戸籍が変わり従前の戸籍が残っている場合は従前の戸籍の附票、従前の戸籍がない場合は、従前の戸籍の附票の除票を取得します。車両の購入から戸籍の移動が多くあった場合は、すべての戸籍の除票を取る必要がありますが、戸籍を何度も変えるケースはまれです。

従前の戸籍が生きている場合とは、結婚前に両親と同じ戸籍にいたが結婚を機に新しい戸籍に移り、両親は健在なケース。この場合は両親の戸籍の附票を取ると、過去に戸籍に載っていたものの住所も記載されます。

従前の戸籍がない場合は、戸籍の載っている人全員で転籍した場合（戸籍は自由

に変更できる）や、結婚後の両親が亡くなって戸籍に載っている人が一人もいなくなったケースです。呼び名は変わりますが、証明される内容は戸籍に載っていた人の住所がすべて記載されるという点は同じです。

●引っ越しを2回以上している場合（車検証発行が平成26年6月20日以前）

住民票の除票や、戸籍の附票の除票は令和元年6月20日以前は保存期間が5年なので、引っ越しにより平成26年6月20日以前の住民票の除票や戸籍の附票は取得できないという可能性があります。

あくまでも住民票や戸籍の閉鎖が平成26年6月20日以前ということなので、車検証発行が平成26年6月20日以前でも必ず住所のつながりを確認する証明書が取れないわけではありません。（車検証発行が平成25年で、26年4月に車検証記載の住所Aから新住所Bに引っ越した場合、住所Aの証明書は取得できなくなる可能性がありますが、新住所Bの住民票（の除票）に前住所Aは記載されています）

平成26年6月20日までに2回以上引っ越しして、役所も任意で住民票の除票を保存しておらず、結婚や転籍などで戸籍の附票でも住所が確認できないケースでは、住所の証明が不可能となります。しかし、不可能であるから登録できないとなると国民に不利益なので、本人が住所のつながりが事実と相違ないことを誓約書（P28参照）で申告し登録することができます。

なお、車検証発行から20年以上経過していて、住所のつながりを証明することできずに最終的に宣誓書を使用することが明らかな場合でも、できる範囲ですべての住所に関する書類を取得する必要があります。ただし、市区町村の窓口で取得できないと言われた場合でも、5年経過で記録を抹消した旨の証明書は不要なのでご安心ください。

□法人の場合

法人の場合は住所の証明として、法人の履歴事項全部証明書を提出します。履歴事項証明書には、直前の変更記録と発行日の3年前の1月1日（基準日）以降の記録が記載されています。

同じ管轄での本店移転の場合は、1回の引っ越しの際は必ず本店の欄に記載されます。同じ管轄内で本店移転を繰り返している場合は、基準日より前の情報は（同じ本店の）閉鎖事項証明書を別途請求する必要があります。

本店移転で別の法務局の管轄に移転した場合は、登記記録という欄で、移転元が確認できます。従って1回の本店移転であれば、法務局の管轄が異なっても履歴事

項全部証明書で確認することができます。法務局の管轄をまたぐ本店移転を繰り返しているケースは（以前の本店の）閉鎖事項証明書を取得する必要があります。

●法人の本店の履歴が証明できないケース

かなりのレアケースになりますが、法人の履歴も手書き時代のものは破棄されているので取得することができません。したがって、昭和の年代の車両だと法人所有でも住所のつながりが証明できないことがあります。

かなりのレアケースなので、理由書などは用意されておらず、個別の相談が必要となります。私が経験したケースでは手書き時代の登記簿のコピーがあったので、誓約書を添付して登録することができました。

車庫証明の概要

□はじめに

　車庫証明がなぜ必要なのかというと、保管場所を確保させて路上駐車をなくし、事故を防止し、交通を円滑にするためです。法律制定前には車は珍しかったので、車庫がないことによって路上駐車のせいでその車の陰から子どもが飛び出して事故が発生したり、交通の妨げになったりしていました。そこで保管場所（駐車場）についての法律をつくり、路上駐車を取り締まるとともに、自動車を登録する時に保管場所を確保させることとしました。その保管場所を確保したことの証明が、車庫証明です。

　現在は、一軒家には駐車スペースがあり道を駐車場代わりにしてはならないのは当然ですが、これは法律ができたから当たり前になっているだけで、土地の広い海外ではその必要性も法的規制もなく、路上に車を止めていることもあります。それに対して日本は道が狭く家が密集しているため、保管場所を確保させておかないと問題が生じてしまうことから法律ができ、路上駐車をしないことが当たり前になりました。

　その保管場所のルールについては、あくまでも目的に対しての必要性からであり、日本全国に一律適用をする必要はなかったため、暫定的に一部の地域から規制を始めました。どの地域を対象とするかは何度か変更がありましたが、現在では平成12年6月1日時点の基準で決まっています。車庫証明が必要な地域は平成12年時点での特別区、市、一部の人口の多い村となっています。軽自動車にも車庫届出制度があり、対象は特別区と一部の人口の多い市（当時人口10万人を超える市）が対象となりました。

　対象か対象でないかは、保管場所（駐車場）ではなく車検証記載の使用の本拠の位置（車を管理する人の拠点）で判断するため、注意が必要です。また、平成12年時点の基準なので市町村合併などによって今は人口の多い市の一部になっている地域では、車庫証明が不要となるケースもあります。インターネットなどで事前に検

索することをおすすめします。

□保管場所として使用を認められる要件

　一部適用されない地域もありますが、適用される地域では保管場所を確保できているか判断する基準が必要となります。基準は以下の4つとなります。

　1. 駐車場、車庫、空き地等道路以外の場所であること。
　2. 使用の本拠の位置から2kmを超えないこと。
　3. 自動車が通行できる道路から支障なく出入させ、かつ自動車の全体を収容できること。
　4. 保管場所として使用できる権原を有していること。

　それぞれについて解説していきます。

　まず当然ですが、道路ではないことが必要となります。少し難しい論点として、建築基準法の42条2項道路の問題があります。増築のためには4mの道路が必要なので、前面道路が狭い場合には自分の土地を道扱いにするためにセットバックして道を広げるということが行われます。その道路はみなし道路として認められ、増築工事などをすることができます。その建築基準法上は道ですが、私的な土地というものが厄介で、建築などで花壇を置いたりしてトラブルになるケースもあります。そのような厄介な42条2項道路に、車を止められると考える人も出てきます。しかしながら、私有地でも道路なので保管場所としては認めらない可能性が高いです。（東京では認められません）

　第2に使用の本拠の位置から2km以内に保管場所があることです。ただ、普通の人間には徒歩だとすると2kmはかなり遠いため、路上駐車を防ぐという意味では適切かどうか悩ましい距離でもあります。人は500m以上歩くのは苦痛に感じるという研究結果もあるので、本来は500mぐらいにすべきという考え方もありますが、法律制定当初は保管場所が確保されていなかったので、500mということになると都市部で車を保有できる人が少なくなってしまうという懸念がありました。そこで、既存の住民に大きな負担とならないように距離を2km以内に定めたと言われています。

　なお、この2kmは直線距離で計測するので、道が曲がりくねっていても直線で示せればいいので、距離の計測はGoogleマップで簡単に行うことができます。使用の本拠の位置と保管場所が離れている場合は、配置図を添付するのが一般的で地図上に2点を記入し、直線でつないで距離を記入します。警察で配布されている書式に

地図を手書きするのが面倒な時には、別紙と書いて地図のコピーを付けることが認められています。

　第3に前面道路からの出入りと車庫への車両全部が収納できるかのチェックです。書面上は、配置図を作成して、保管場所の場所を明記して、長さ・幅（立体駐車場などでは高さ）・前面道路の幅・出入り口の幅を記入します。広めの土地に駐車スペースを作るとすれば、5ナンバーの乗用車であれば、5m × 2.5m を確保しておけば十分だと思います。トラックなど大きい車であれば横幅は乗り降りのために最低、車検証プラス50cm は確保した方が無難です。なお、車検証に記載されている幅にはドアミラーは含まれていないので注意が必要です。長さはギリギリでも大丈夫ですが計測を間違えないようにしましょう。

　気をつけなければいけないのは、納車時ではなく車庫証明の申請後の審査のタイミングで、止められるスペースを確保しておく必要があることです。（車の入れ替えの場合は、入れ替え予定の車両の情報を申請する必要があります）駐車場スペースですが、一部のものが保管されていて駐車スペースが確保できていないことから証明書が発行されないケースもあるので、必ず片付けてから申請しましょう。

　最後に、使用権原です。権原はあまり使わない言葉ですが、権利の原因が必要となります。その土地を持っている、借りているという理由から使用することができる権利があることを示します。その証明書類が自分の土地の場合は自認書、借りている場合は保管場所使用承諾書となります。これらの書類は押印不要ですが、作成できるのはあくまでも土地の所有者や管理者なので、勝手に書類作成しないようにご注意ください。

　記載方法にはローカルルールがあるので、その都道府県の HP を確認するのが一番です。なお、保管場所使用承諾書の代わりに契約書の写しを提出することもできますが、保管場所使用承諾書に記載されている内容をすべて網羅する必要があり、賃貸マンション付属の駐車場の場合は、契約時の住所と現在住所が異なるという理由で追加資料を求められることもあり、予想外のトラブルになる可能性もあるのであまりおすすめしません。

22 車庫証明の申請

　車庫証明（登録自動車の保管場所証明申請）は、白いナンバーの登録自動車の保管場所が確保されていることを登録時に確認するための証明書です。この章では申請が必要なタイミングや必要書類、注意点について説明します。

　いつ申請が必要か。

　次の登録をする際の必要書類となるので申請が必要です。

　　・新規登録

　　・移転登録

　　・変更登録

　なお、移転登録や変更登録の際、使用の本拠の位置が同じ場所の場合は、添付書類となりませんので車庫証明の申請は必要ありません。また、抹消登録と同時に申請する時も同様に添付不要となります。なお、車庫証明を提出しない場合の使用の本拠の位置が使用者の住所と同一の時は、車庫証明の追加資料は必要ありませんが、使用者が法人の本店で使用の本拠が営業所などの場合は課税証明書、営業証明書、公共料金の領収証の写しで、その場所に自動車を使用（管理）する拠点があることを証明します。

　例えば、同居の家族間で相続が発生し、車の持ち主が変わった場合（移転登録）、同居であれば住所が一緒なので、通常は使用の本拠の位置も同一となります。実際にその駐車場の契約を継承したかどうか分かりませんが、車庫証明が不要となります。（住所＝使用の本拠の位置なので追加資料も不要）。また、関連企業 A・B で同じ場所で営業所が存在している場合で別法人が車両を使うことになった時（使用者 A から使用者 B の変更による変更登録）も、使用の本拠の位置に変更がなければ車庫証明を取る必要はありません。ただし、使用者 B の住所と使用の本拠の位置が同一でないのであれば、前述の課税証明書等の追加資料が必要です。（合併など追加資料が不要なケースもあります）

□ 使用の本拠の位置が対象地域である場所であること

　車庫証明の全体像で記載したとおり、車庫証明には申請が不要な地域があります。地域の判断基準は、保管場所ではなく使用の本拠の位置なので注意が必要です。東京では檜原村は車庫証明が不要ですが、例えば使用の本拠の位置が檜原村（車庫不要）で保管場所（駐車場）が八王子市（車庫必要）の場合は、車庫証明は不要です。

　なお、申請不要な地域で車庫証明の代わりにその場所に使用する拠点があることを示す必要があるので、使用の本拠の位置が使用者住所と異なる時は、上記同様に追加書類が必要です。なお、保管場所ではなく使用の本拠の位置が基準となることに注意が必要です。

□ 事業用自動車（緑ナンバー）ではないこと

　事業用自動車は、保管場所に関する法律ではなく、それぞれの営業許可に関する法律で車庫についての規制を受けています。車庫については営業所単位で事前に認可等を受けているので、改めて個別の車両に車庫証明を添付する必要はありません。

　なお、車庫証明を提出しない代わりに事業用連絡書という書類を提出しますが、これは使用の本拠の位置と使用者の氏名住所の証明書の代わりになります。

□ 車庫証明の必要書類

　車庫証明の必要書類は下記になります。

　・自動車保管場所証明申請書
　・保管場所標章交付申請書
　・保管場所の所在図・配置図
　・保管場所の使用権原を疎明する書類
　・使用の本拠の位置が確認できるもの（法律上は任意書類）

□ 必要書類の作成上の注意点

● 自動車保管場所証明申請書および保管場所標章交付申請書

　自動車保管場所証明申請書と自動車保管場所証明申請書は複写式になっていて、全国的には4枚複写が一般的です。何かあった時の連絡先や、申請する駐車場に以前に車庫の申請をしていた車がないかどうか、つまり代替車両があるか、それとも新規にこの駐車場で車庫を取得するのかを記載します。また、車両の特定のための車台番号、車名、型式や保管場所のサイズ確認のために車の長さ・幅・高さも記載します。

車庫証明の証明書に記載される内容は申請書の記載内容と同一なので、車の車台番号、車両の情報を間違いなく記入する必要があります。車台番号だけは新車などの理由で申請時点で確定していない場合は、受け取りのタイミングで記入することができるケースがありますので、必要に応じて現地の警察に問い合わせてください。

　なお、申請者は車検証に記載する使用者と同一である必要があるので、その使用者を法人の営業所にするとか、法人の本店にするかという判断は、車庫証明を取る段階でしないといけないので注意が必要です。記載例は巻末資料をご確認ください。

●保管場所の所在図・配置図

　保管場所の所在図は、使用の本拠の位置（車を管理する拠点）と保管場所（駐車場）の距離を確認するとともに、駐車場の位置を確認するために添付します。使用の本拠の位置と保管場所が離れている場合は、直線距離を記載しましょう。住宅地図のコピーでも大丈夫ですが、地図の使用の際には提供元のルールを守って使用する必要があります。

　配置図は、車の収納と出入りが可能であるかについての確認資料なので、前面道路の幅、入り口の幅、駐車場所の長さ、幅の記載が必要です。立体駐車場などの建物の場合は高さも記載が必要となります。

【 保 管 場 所 所 在 図 ・ 配 置 図 】 の 記 載 例

留意事項

○ 次に該当する場合は、自動車保管場所証明申請書又は自動車保管場所届出書の「保管場所標章番号欄」に旧自動車の保管場所標章番号を記載することにより、「所在図」の記載を省略することができます。
・「自動車の使用の本拠の位置」「自動車の保管場所の位置」のいずれも、旧自動車と変更がない。
・自動車保管場所証明申請の場合は、申請の時点で旧自動車を保有している。軽自動車の自動車保管場所届出（新規）の場合は、届出の時点で旧自動車を保有しているか、または届出日の前15日以内に保有していた。
○「自動車の本拠の位置」と「自動車の保管場所の位置」が同一の場合も「所在図」の記載を省略することができます。（平成23年7月19日から適用）
○ 上記に該当する場合でも「配置図」の記載は省略できません。

所 在 図 記 載 欄
（ 記載を省略できる場合があります。 ）

使用の本拠の位置（自宅・事業所等）と車庫の位置との間を直線で結び、その距離を記載してください。

自宅

A銀行

500m

目標となる建物を記載してください。

JR○○駅

至△△駅

至△駅

かすみ駐車場

霞ビル

付近の道路を記載してください。

配 置 図 記 載 欄
（ 記載を省略することはできません。 ）

※ 自宅の場合は、敷地を記載し車庫を明示してください。
※ 車庫は、奥行き、幅の平面の寸法を記載してください。高さ制限のある駐車場については、高さも記載してください。

No.1　6.0m　2.5m

No.2

No.3　No.8

No.5　No.10

道路の幅員を記載してください。

出入口

6.0m　○○通り　4.0m

霞ビル

周囲の建物を記載してください。

※ 機械式駐車場の場合は、保安基準の制限に注意してください。

　参考　東京都の記載例

88

●保管場所の使用権原を疎明する書類

　駐車場を使用できる理由を説明する書類です。駐車場の土地（建物）を使用者が所有している場合は自認書を、借りている場合は保管場所使用承諾書（または賃貸契約書の写し）を提出します。自認書と保管場所使用承諾書の押印が廃止となっています。ただし、押印が廃止になっても勝手につくったり、書き直しをして良いわけではないので注意が必要です。

　自認書は提出先の警察署と氏名住所を書くだけです。使用者が営業所で、法人が土地を所有している場合は自認書を提出するか、保管場所使用承諾書を本店が営業所宛に作成すべきかは、現地警察に確認してください。

　駐車場を借りている場合は保管場所使用承諾書を提出します。保管場所の所有者又は所有者から委託を受けた管理者に作成して貰う必要があります。記載内容は保管場所の位置、使用者の氏名、住所、使用可能期間、証明日、保管場所の所有者または管理者の氏名住所となっています。一部地域では、契約者という欄があります。土地は会社が借りているが社員を使用者として登録するケースなどでは、使用者が社員個人、契約者が法人というような形の記載になります。また、使用者の住所については東京、大阪、秋田では使用者の住所ではなく、使用の本拠の位置を記載することとなっています。ローカルルールがあるので、管轄警察の記載例を確認しましょう。

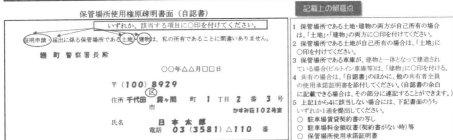

　参考：自認書記載例（東京都）

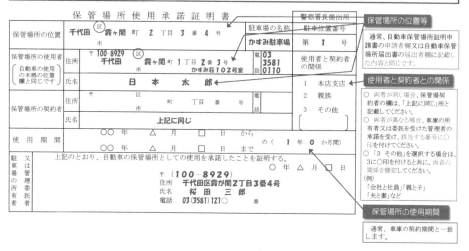

参考：保管場所使用承諾書記載例 （東京）

●使用の本拠の位置が確認できるもの（法律上は任意書類）

　使用の本拠の位置が確認できるものは、任意提出書面ということになっていますが、提出しないとスムーズに申請が受理されない可能性があります。東京23区内の警察署の場合は使用者の住所と使用の本拠の位置が一致していても、免許証や住民票のコピーなどの提出（提示）を求められます。使用の本拠の位置が使用者住所と異なる場合は、原則としてどこの警察署でも使用の本拠の位置の確認書面を求められます。

　地域によって様々なルールがあるので、現地警察に何が必要かを確認してください。多くの警察署は消印のある郵送物のコピーで対応してくれます。個人の場合は単身赴任の証明書を、法人の場合に公共料金の領収証を求められるケースもあります。様々なローカルルールがあるので、事前確認をするとスムーズに申請が受理されます。どうしても用意できない場合には、通達上提出の義務はないと主張することも可能ですが、説得に時間を要するケースが有り他に申請者がいる場合は迷惑になるのでおすすめはできません。

□車庫証明の取得の流れ

　車庫証明は、申請当日に取得することはできません。審査日数は法律的には7日以内ですが、東京都では申請の3営業日後（中2日）で取得できるケースが多いです。新築の建物でデータがない場合は遅くなることもあります。また、受け付けた時間によって交付の日付が変わることもあります。静岡県では審査を外部に委託している関係で、審査期間が中4日程度です。このように審査期間は地域によって様々なので、申請先の警察署に確認するのが良いかと思います。

　審査完了予定日は申請時に分かるので、何事もなければ完了予定日以降に警察署に出頭すると車庫証明の取得ができます。電子申請（OSS）の場合は郵送が2022年からできるようになったのに対して、紙の申請の場合は出頭する必要があるので今後は電子申請に移行することが望ましいと思います。

23

車庫の届出

　車庫の届出は、車庫証明を必要としないケースで新規に車庫を契約したり、使用する車庫を変更した場合に申請します。申請先は、車庫証明と同様に車庫（保管場所）を管轄する警察署です。車庫の届出も全体像でお伝えしたとおり、使用する自動車を管理する場所によって申請が不要となる場合があります。軽自動車は届出が不要な地域も多いので、事前確認をおすすめします。

□いつ申請が必要か
次のケースで届出が必要です（添付する必要はありません）

・軽自動車の新規検査申請をする時（新車新規、中古新規）
・軽自動車の車検証を書き換える必要があり、保管場所も変わった時
・登録自動車や軽自動車で単に保管場所の位置だけ変わった時

　なお、保管場所の届出のタイミングは法律上車検証の交付を受ける新規検査の申請や、車検証の書き換えの申請の事前・事後どちらでも大丈夫ですが、東京を含める一部地域では事後の申請を強く推奨されますので、特別な理由がない限り事後に申請することをおすすめします。なお、車庫証明と違い、書面上不備がなければすぐに本人控えと車庫のステッカーが交付される警察署もありますが、車庫証明同様に現地の確認をしてから処理する警察署もあるそうです。申請先のルールを確認してください。保管場所の位置だけ変更した時の届出ですが、申請をしていなくても発覚することはまれですが、複数台車両を所有しており駐車場も複数箇所ある時などは届出をしていていないとトラブルになる可能性があります。
　自宅併設の駐車場にスポーツカーを止めていた人が、新たにファミリー用のワンボックスを購入し、スポーツカーは近隣の駐車場を借り、ワンボックスを自宅併設の駐車場に止めようとした場合、スポーツカーは下取りに出すわけではないので代

替車両として申請することはできません。したがって、スポーツカーの車庫の変更届出をしてから、ワンボックスの車庫証明を申請することが必要となります。

●使用の本拠の位置が届出等の対象地域であること（適用除外地域でないこと）

車庫証明の全体像で記載したとおり、車庫の届出も不要な地域があります。地域の判断基準は、保管場所ではなく使用の本拠の位置なので注意が必要です。例えば、東京では武蔵村山市は軽自動車の車庫の届出は不要ですが、保管場所（駐車場）が立川市（軽の届出必要）の場合であっても使用の本拠の位置が武蔵村山市（軽の適用除外地域）であれば、軽自動車の車庫の届出は不要です。

なお、軽自動車で新たに車検証の交付を受ける場合や車検証の書き換えをする場合は、使用の本拠の位置に実際の拠点があることを証明できる書類を付ける必要はないので、車庫の届出不要地域でも追加で証明書類を添付する必要はありません。

●事業用自動車（緑ナンバー、黒ナンバー）ではないこと

車庫証明でも解説しましたが、事業用自動車は保管場所に関する法律の適用がなく、別の法律で車庫についての管理をしているので届出は不要です。

□車庫の届出の必要書類

車庫証明の必要書類は下記になります。

・自動車保管場所届出書
・保管場所標章交付申請書
・保管場所の所在図・配置図
・保管場所の使用権原を疎明する書類
・使用の本拠の位置が確認できるもの（法律上は任意書類）

□必要書類の作成上の注意点
●自動車保管場所届出書および保管場所標章交付申請書

自動車保管場所届出書と自動車保管場所証明申請書は複写式になっており、全国的には3枚複写が一般的です。基本的に車庫証明と同じですが、審査手数料がかからないので審査手数料の県証紙を貼り付ける必要がなく、用紙が少ないです。

●保管場所の所在図・配置図
●保管場所の使用権原を疎明する書類
●使用の本拠の位置が確認できるもの（法律上は任意書類）

　その他の書類も車庫証明と同様です。軽自動車の場合に東京では交付された車検証が使用の本拠の位置を確認できるものとして、住民票や印鑑証明書の代わりに求められることがあります。使用の本拠の位置が住所と異なる場合には、別途書面を求められます。

□車庫の届出の流れ

　車庫の届出は即日終わる都道府県も多いですが、大阪府、静岡県等のように受付後すぐに標章の交付を受けられない場合もあります。行政手続きで届出をした場合には、形式さえ整っていれば事後的に審査を行わないことが大半ですが、保管場所については調査をすることが多くあります。

　調査後に保管場所として適切でなければ連絡があり、他の保管場所を確保するように指導されることもあります。また、自動車の使用者の使用の本拠の位置として適切な実態がないと判断された場合は、車検証の使用の本拠の位置を変更するように指導されることもあります。

　軽自動車であっても適切な保管場所を確保をする必要がありますし、使用者住所地以外の場所を使用の本拠の位置にする時には、そこで車を管理している実態があるかしっかり確認しましょう。

24

事業用自動車について

□事業用自動車とは

　事業用自動車とは、単に事業（仕事）のために使用する車という意味ではなくお金をもらって人や物を運ぶ事業をしている自動車のことで、事業用の自動車を使用するには許可や届出が必要となります。事業用自動車の具体例としてはバス、タクシー、トラックがあります。単に構造がバスやトラックであれば事業用になるわけではなく、事業用で使用するためには経営の許可などを取る必要があります。

　また、レンタカーは事業用自動車ではありませんが許可を取る必要があり、一般の車両と一部異なるのでそちらは最後に説明したいと思います。

□事業用自動車の特徴

　事業用自動車は車庫証明や車庫の届出の対象外で、車庫に関しては他の法律の規制を受けます。通常の車両の場合は1台1台に対してスペースを明示して保管場所を確保しますが、事業の自動車の場合は営業所に対して車庫を確保し、その営業所に確保された車庫に収まる台数まで車両を止めることができます。なお、車両を増やす場合には駐車場以外の要件をクリアする必要もあるので、必ずしも車庫のサイズ限界に車両を増やすことができるわけではありませんのでご注意ください。

　また、説明が若干重複しますが、車両の増減についても事前に届出する必要があります。届出といっても必ず受理されるわけではないので、事業用自動車の増減についてはまず許可上の要件を確認する必要もあります。

□事業用自動車の登録等の手続き上の特徴

　事業用自動車は、登録時に事業用連絡書を提出します。使用者が事業用自動車として使い始める時（新規登録、移転登録、変更登録、番号変更）や事業用自動車の使用を止める時（移転登録、変更登録、抹消登録、番号変更）、使用者の情報が変わる時（変更登録、記載変更）に事業用連絡書を提出する必要があります。

事業用自動車等連絡書

この書類は、道路運送法、貨物利用運送事業法又は貨物自動車運送事業法による自動車運送事業、第二種利用運送事業の許可・事業計画変更の認可を受け、若しくは届出をしたもの、又は事業用自動車の代替であると確認したことを証するものである。

※ 発行番号 第　　　　号　発行日 令和　年　月　日　有効期限　発行の日から1ヶ月

事業等の種別	旅客〔 乗合・貸切・ハイヤー・タクシー・特定 〕貨物〔 一般・特定・軽・霊きゅう・第二種利用 〕その他〔 レンタカー・（　　　　）〕			
使用者の名称 （事業者名）		所属営業所名		
使用者の住所 （事業者の住所）		使用の本拠の位置 （営業所の位置）		
使用・廃止の別	使用しようとする自動車		廃止（減車・まつ消等）する自動車	
自動車登録番号等 （車両番号）	※新自動車登録番号（車両番号） 「型式」新車の場合（諸元表の写しを提示） 「車台番号」中古車の場合（車検証の原本若しくは写しを提示）	※登録完了印・登録官印	旧自動車登録番号（車両番号）	※登録完了印・登録官印
	① 自動車の年式 ‥‥‥ H・R　　　年式 （旅客・貨物自動車とも）乗車定員　　　人 ② 旅客自動車 ‥‥ 自動車の長さ　　cm ③ 貨物自動車 ‥‥ 種別（普通・小型・けん引・被けん引・特種・軽） 最大積載量　　　kg		① 自動車の年式 ‥‥‥ S・H・R　　年式 （旅客・貨物自動車とも）乗車定員　　　人 ② 旅客自動車 ‥‥ 自動車の長さ　　cm ③ 貨物自動車 ‥‥ 種別（普通・小型・けん引・被けん引・特種・軽） 最大積載量　　　kg	
事案発生理由	※ 新規許可・新規届出・譲渡譲受・合併・分割・相続・休止・廃止・取消 事業計画の変更〔増車・減車・代替・営配・他支局管内への移動　（　　　　　運輸支局 →　　　　　運輸支局）〕 使用者及び所有者の名称又は住所の変更・使用の本拠の位置の変更・その他　（　　　　　　）			
備　考　欄	※			
確認印及び担当官印	※ 確認印・担当官印	（注） 1. この連絡書は、再発行しないので取扱いに注意して下さい。 2. 連絡書に必要な事項を記入の上、輸送担当に提出して下さい。 3. 新たに使用する自動車が新車の場合は諸元表、中古車の場合は車検証（又は、一時抹消登録証明書、若しくは、登録識別情報等通知書）の原本若しくは写しを提示して下さい。 4. 連絡書は輸送担当の確認を受けた後、登録関係書類に添えて登録担当（軽自動車にあっては軽自動車検査協会）に提出してください。 5. ※印欄は記入しないで下さい。		
輸送部門 （企画輸送部門）				

発行元連絡先：千葉運輸支局輸送担当　　TEL：043-242-7336（選択番号2）

　事業用自動車は勝手に増やしたり減らしたりすることはできず、使用場所を変更するにも認可や届出が必要となります。また、名称の変更があった場合も事業用の変更届をした後での登録をすることとなります。

　事業用連絡書は、使用者の住所証明と車庫証明等の使用の本拠の位置を証明する書類の代わりになります。型式指定車の新規登録で所有者が別（リース車両）の場合の必要書類は下記のとおりとなります。（希望番号や字光式などの特別なケースを除く）

・完成検査修了証（発行後9ヵ月以内。電子データで送信するケースが多い）
・譲渡証明書（電子データで送信するケースが多い）
・新所有者（リース会社）の委任状（実印を押印）
・新所有者（リース会社）の印鑑証明書（発行後3ヵ月以内）
・新使用者の委任状（省略可）
・事業用連絡書（運輸支局で取得）
・新規登録申請書（OCRシート1号様式、運輸支局等で配布）

- ・手数料納付書（運輸支局等で配布）
- ・重量税納付書（運輸支局等で配布）
- ・税申告書（自動車税事務所で配布）
- ・自動車損害賠償責任保険（共済）証明書（所謂「自賠責」、提示のみ）
- ・再資源化等預託金（リサイクル料金）の預託がされていること(証拠書類不要)
- ※1 事前に経由印を取得
- ※2 希望番号予約済証（希望番号を付ける場合）または、ナンバープレート代金

※1 関東運輸局管内では事業用連絡書を取得する際に手数料納付書に押印してもらい、その手数料納付書を使用して申請を行います。全国統一のルールではないので、事業用連絡書を取得する前に申請先の運輸支局等に経由印が必要かを確認してください。

※2 ナンバー取り付けのために車両持ち込みをするか、封印についての特別な権限を利用して封印取り付けを別の場所で行うことが必要です。

□レンタカーの場合

レンタカーは事業用自動車ではないですが許可が必要で、ナンバープレートも「わ」ナンバーなどのレンタカー用のナンバープレートが付き、車検証でも「貸渡」という分類になります。従って、レンタカー登録であることを申請書上明記することが必要で且つ許可業者であることを運輸支局等手続きの窓口で示す必要もあるので、事業用連絡書を提出させレンタカー事業者の登録であることを確認していました。

現在は、一定の地域でマイクロバス以外の登録については事業用連絡書の提出の代わりにレンタカー事業証明書を提出することで登録が可能となります。

　レンタカーの数の増減は事後報告となっており、車庫のスペースも許認可上の管理をしておらず1台1台車庫証明を取得する必要があるので、許可業者であることが確認できればそれで足りるので、手続きを簡略化したものだと思われます。マイクロバスについては増車についての一定の要件を備える必要があるので、この制度の対象とはならないことをご注意ください。

捨印の修正について

　自動車手続きの中での重要書類として「譲渡証明書」と「委任状」があります。

　譲渡証明書は自動車の譲渡の事実を証明するための書面で、新規登録や移転登録の際に提出します。印鑑証明書の提出が必要なのは移転登録の場合だけですが、新規登録の時のように譲渡証明書についての印鑑証明書の提出が必要ない場合であっても押印は実印と定められています。委任状は新規登録、移転登録、抹消登録の際は実印を押印することとなっています。

　100％不備がない書類を作成し、押印、間違いがないことを確認して提出となれば良いですが、小さな間違いにあとから気がつくことがあります。そんな時に捨印をもらっていれば、修正をすることが可能です。

　捨印があればすべての修正ができるかというと、合理的な範囲外の修正は認められないという判決もありますし、法律で捨印の修正を禁止しているケースもあります。自動車登録では、捨印での修正可能な範囲については行政にもルールがあります。

　捨印で修正可能か否かは、自動車手続きをする上で非常に重要なので一定の基準をこちらでお伝えします。2020年12月に押印が廃止されたので、こちらでの解説は実印を押印した書類に実印の捨印があった場合の解説となります。

　譲渡証明について捨印で訂正できる範囲は以下の通りと定められています。

１．住所・氏名で明らかに錯誤と判断できるもの

　　当該申請に関係のない第三者の氏名等が書かれたものの訂正は不可

２．自動車の特定に関する事項のうち、車名・型式・原動機の型式の錯誤

　　引用元：自動車登録業務関係質疑応答集令和3年3月

訂正できない範囲としては、注意書きにもあるように第三者の氏名が書かれたものについて別人に修正することは不可能です。軽微な住所や氏名の漢字のミスなどは明らかな錯誤と判断できますが、大きなミスがあった場合には登録官に相談することをおすすめします。車両を特定する内容について、車台番号以外は修正することができますが、車台番号は修正できません。一桁でも違えば別の車両になってしまうからです。書類作成をする時は、捨印を押したとしても車台番号はしっかりチェックしましょう。

　委任状についての捨印訂正は下記のように定められています。

1．単なる文章表現の錯誤。
2．委任状の住所のうち明らかに錯誤と判断できるもの。
3．上記の他、委任者の住所及び氏名又は名称。
　　（ただし、印鑑証明書の添付がある場合に限る。この場合でも当該申請に関係のない第三者の氏名等が書かれたものの訂正は不可）
4．自動車の特定に関する事項のうち車名・型式・原動機の型式の錯誤。
5．自動車の特定に関する事項のうち登録番号・車台番号の双方の記載がある場合でいずれか一方の錯誤。

　基本的には譲渡証明書と同様に軽微な錯誤は修正可能です。委任状には車台番号と登録番号を二箇所記入できるタイプのものがありますが、その場合は片方が間違えていても捨印で修正ができます。

26

軽自動車の手続きの種類

　軽自動車の手続きの種類について解説します。

　軽自動車の手続きとしては、車両の安全性の検査手続きと車検証の交付、書き換え、返納の申請があります。

□新規検査・検査証交付

　ナンバープレートが付いておらず車検証が交付されてない、または返納済みの状態で安全性を確認する申請となります。使用者が申請者となり、実際に検査することもあれば事前に工場などで検査を行った旨の証明書を付けて実際の検査をしない場合もあります。なお、予備検査証を提出する場合は検査証交付申請と呼ばれます。

□予備検査

　予備検査は、検査を軽自動車検査協会で事前に受ける制度です。車検証返納済または一度もナンバープレートの交付を受けていない自動車の安全性を確認する制度となっています。

□構造変更検査

　車の構造を変更した時に改めて安全性のチェックをする検査です。元々の有効期限に関わらず、検査の日から1年（または2年）の有効期限の車検証が発行されます。

□継続検査

　車検の有効期限を延長する手続きで、車の安全性を確認します。有効期限の1ヵ月前以降に申請すれば従前の期限から1年（または2年）有効期限が伸長されます。1ヵ月以上前に車検を受けると、検査の日から1年（または2年）が有効期限となってしまいます。

□検査証記入

　車検証が書き換わる時に行う申請です。登録自動車の場合は変更登録や移転登録に付随して申請されますが、軽自動車の場合は登録の制度はなく移転も変更も同じ手続きとなります。

□車検証の返納・返納証明書交付・解体届出・輸出届出

　自動車を使用しなくなった場合には、車検証を返納します。再使用の可能性がある場合は、返納証明書の交付の申請をします。これは、再度自動車を使用する時に提出する大切な書類です。（返納と返納証明書の交付申請をまとめて、廃車手続きや一時抹消と呼ぶこともあります）車両を物理的に廃車（解体）する場合は、車検証の返納と解体届出を申請します。輸出予定の場合は、返納及び輸出届出を出します。ただ、国内で再使用の可能性が少しでもあるのであれば、返納証明書の交付も合わせて申請することが望ましいです。返納証明書がないと国内再使用の際に、速やかな手続きができないからです。（不審案件として処理に時間が1ヵ月以上かかる可能性があります）

□申請先と管轄

　申請手続きは原則として使用の本拠の位置を管轄する軽自動車検査協会（主管事務所、事務所、支所、分室）に申請します。継続車検や車検証返納後の手続き、車検ステッカーの再交付はどこの軽自動車検査協会でも申請できますが、車検証の再交付は管轄の軽自動車検査協会に申請します。

　また、車庫の届出は使用の本拠の位置ではなく、保管場所を管轄する警察署に申請します。

□軽自動車検査協会とは

　道路運送車両法によって作られた法人で、軽自動車の検査、記録の事務、軽自動車税や軽自動車重量税の確認の事務、自賠責保険締結の確認の事務を主に行うために存在します。基本的には各都道府県に事務所を置き、車両が多い地域には支所を置いています。運輸支局と自動車検査登録事務所との関係に近いですが、行う業務としては事務所と支所で大きく変わる点はありません。

　北海道は広いため札幌に主管事務所があり、その他の地域には支所ではなく室蘭事務所などの事務所があります。また、東京大阪などの地域でも事務所ではなく主管事務所と呼ばれますが、「東京主管事務所　多摩支所」という形で支所が存在します。

長崎や沖縄には、ナンバープレートは変わらないものの離島の手続きを対応する分室が存在しています。宮古島は沖縄ナンバーではありますが、手続きは沖縄事務所ではなく沖縄事務所　宮古分室となります。

27

軽自動車の新規検査
（新車新規、中古新規）

□新規検査とは何か

　現在ナンバープレートの付いていない状態の軽自動車が安全に走行できることを確認し、公道を走れるようにする手続きを新規検査と言います。軽自動車には登録制度はないですが、一般的には登録自動車と同様に新規登録と呼ばれることもあります。工場生産後初めて車検証の交付を受ける新車新規と車検証返納後に再度新規登録をする中古新規で必要書類が異なります。登録自動車同様に新車新規の場合、国内の流通が多い車両は型式指定車となりますので、型式指定車の新車新規と中古新規について解説していきます。

□型式指定車の新車新規検査の必要書類

　型式指定車の新車新規検査の必要書類は下記のとおりとなります。

・完成検査終了証　（発行後９ヵ月以内。電子データで送信するケースが多い）

・譲渡証明書　（電子データで送信するケースが多い）

・申請依頼書
　（代理申請の場合、代理人が申請者からの依頼を受けたことを宣誓する）[1]

・新使用者の住民票、登記事項証明書や印鑑証明書などの住所証明
　（発行後３ヵ月以内、写し可）

・新規検査申請書　（軽OCRシート１号様式、軽自動車検査協会で配布）

・審査申請書　（軽自動車検査協会で配布）

・重量税納付書　（軽自動車検査協会で配布）

・軽税申告書　（軽自動車検査協会で配布）

・希望番号予約済証（希望番号を付ける場合）または、ナンバープレート代金

・自動車損害賠償責任保険（共済）証明書　（所謂「自賠責」、提示のみ）

・再資源化等預託金（リサイクル料金）の預託がされていること（証拠書類不要）

- ・流通管理のための追加書類※2
- ・事業用連絡書（黒ナンバー事業用自動車の場合は提出。使用者の住所証明として事業用連絡書を使用することができる）

※1 法律上は車検に関する新規検査の申請者は新使用者だけですが、税申告（原則として所有者申請）も代理で行う場合は、所有者の委任も受ける必要があります。したがって、新所有者、新使用者の両方からの委任を受けた上で、申請依頼書を作成することをおすすめします。

※2 軽自動車は所有者が誰かを明確にする登録制度とは異なり、所有者に関する住所証明の書類は不要で所有権移転の際も実印で意思確認することはありません。しかし、自動車では所有権留保という形でローン会社や販売店が見た目上の所有者となって何かあった時のために自動車を担保とすることが一般的に行われます。軽自動車の手続きでは認印すらなくても名義が変更できるので、担保としての安全性が低いと言わざるを得ません。そこでローン会社は、勝手に名義変更されないように追加の書類を求めるようにしています。軽自動車検査協会に併設している軽自動車協会と提携して、追加の書類を求めるような運用が行われています。

□中古新規検査の必要書類

車検証を返納した車両の新規検査の必要書類は下記のとおりとなります。

- ・自動車検査証返納証明書
- ・譲渡証明書（上記返納証明書の所有者から新所有者への譲渡の記録が分かるもの、押印は不要。自動車検査証返納確認書の下部も譲渡証明書となっており、そちらを提出することが一般的）
- ・安全基準に関する書類（下記のいずれか）
  1. 自動車予備検査証　（発行後9ヵ月以内）
  2. 保安基準適合証　（発行後15日以内、乗用車と一部の貨物に限る）
  3. 合格印のある自動車検査票　（持ち込み検査で取得）
- ・申請依頼書
  （代理申請の場合、代理人が申請者からの依頼を受けたことを宣誓する）※1
- ・新使用者の住民票、登記事項証明書や印鑑証明書などの住所証明
  （発行後3ヵ月以内、写し可）※1
- ・新規検査申請書　（軽OCRシート1号様式、軽自動車検査協会で配布）
- ・審査申請書　（軽自動車検査協会で配布）
- ・軽税申告書　（軽自動車検査協会で配布）

- ・重量税納付書（軽自動車検査協会で配布）
- ・希望番号予約済証（希望番号を付ける場合）または、ナンバープレート代金
- ・自動車損害賠償責任保険（共済）証明書（所謂「自賠責」、提示のみ）
- ・再資源化等預託金（リサイクル料金）の預託がされていること（証拠書類不要）
- ・流通管理のための追加書類[※2]

※1※2 は p105 参照。

□新規検査と税金

●軽自動車税種別割

　軽自動車の所有者は毎年軽自動車税を支払う必要があります。新規検査したタイミングでは税金の支払い義務はありません。4月1日終了時点の納税義務者に対して納付通知が5月頃に送付されます。車の種類と排気量（最大積載量）によって税額が決まります。また、燃費基準によって減税されます。

　納税義務者は原則所有者ですが、例外的にローンなどで所有権留保（実質的な買い主が使用者、信販会社や販売店を所有者とすること）で登録した場合は、使用者（買い主）が納税義務者となります。地域によっては納税義務者については申告した内容で受理されるので、誤った内容で申請しないように注意しましょう。（※　親が所有者で子どもが使用者のケースの場合、使用者課税で申告してもローン販売の証拠書類なしに受理される地域があります）

●軽自動車税環境性能割

　自動車を取得した時に支払う税金です。2019年9月末に廃止された自動車取得税とほぼ同じ税金なので、取得税と呼ばれることもあります。自動車の通常の取引価格に燃費基準、車の用途に応じて0～3%の税率を掛けた金額が税額となります。

●軽自動車重量税

　自動車の検査の時に支払う税額になります。年額に対して、車検の期間を掛けた金額となります。一般的な自家用乗用車の車検期間は3年間なので、新規検査時に3年分支払うこととなります。自動車重量税の年額は、総重量と燃費基準、車両の種類で決まります。

28

車検証の書き換え

□ 検査証記入とは

　車検証の記載事項に変更があった場合には、すべて車検証の書き換えの申請となります。登録自動車の場合は、移転登録（および検査証記入申請）、変更登録（及び検査証記入申請）、記載変更（登録のない検査証記入申請）と分類することが一般的ですが、軽自動車はすべて検査証記入申請となります。

　一般的には登録自動車同様に移転登録や変更登録と表現されることもあり、すべて名変（名義変更）と表現する人もいます。正確ではない表現が業界的に使用されているので注意が必要です。

□ 車両の改造

　改造によって型式が変更になる場合やエンジンの載せ替えで原動機の型式が変わる場合や、その他車検証に記載されている情報が変わる場合も検査証記入申請となりますが、ここでは所有者・使用者使用の本拠に限定して解説します。

□ 検査証記入の必要書類

・原因書面
・自動車検査証（紛失した場合は再交付が必要）
・申請依頼書
・検査証記入申請書（軽OCRシート1号様式、軽自動車検査協会で配布）
・軽税申告書（軽自動車検査協会で配布）

●ナンバープレートの変更が必要な時の追加書類

・古いナンバープレート
・希望番号予約済証（希望番号を付ける場合）または、ナンバープレート代金

□原因書面とはなにか

　前述のとおり様々な理由で記入申請を行いますが、その際に必要となる書類はケースバイケースです。ケースごとに必要書類を例示していきます。

●所有者の変更（自動車の譲渡）の場合

　規則上所有者が別人になる場合は、譲渡証明書（捺印は不要）を添付することとなっていますが、HPの案内には記載がなく、実務上も何もなくても名義変更ができます。例外的にローン完済による名義変更の場合は、旧所有者の捺印のある申請依頼書と、軽自動車所有者承諾書の添付を要する場合があります。ローン完済時には所有者（クレジット会社等）が書類を用意するはずなので、そちらの書類を添付してください。

●所有者の変更（相続）の場合

　車検証記載の所有者の死亡が分かる戸籍と、新しく所有者となる方が死亡した方の親族（相続人の一人）であることが分かる戸籍か、法務局で証明を受けた法定相続情報一覧図を添付します。（コピー可）登録自動車とは異なり遺産分割協議書の添付は必要ありません。

●使用者を別人にする場合

　使用者の住民票、登記事項証明書や印鑑証明書などの住所証明（発行後3ヵ月以内、コピー可）を添付します。所有者の変更があった場合に使用者が別人になるケースでもこの書類が必要です。

●使用者（個人）の引っ越しの場合

　使用者氏名が変わらず住所のみの変更の場合は、特に住所のつながりを証明する書類は必要ありません。したがって使用者を別人にする場合と同様に使用者の住民票、登記事項証明書や印鑑証明書などの住所証明（発行後3ヵ月以内、コピー可）を添付します。

●使用者（個人）の氏名の変更の場合

　個人の氏名が変わった場合は、氏名の変更したことが分かる戸籍や住民票（コピー可）を添付します。戸籍には住所の記載がありませんが、住所変更がない場合は住所を証明する必要はないので戸籍のみの提出で大丈夫です。

●使用者（法人）の本店移転の場合

　法人の本店移転の場合は、商業登記の履歴事項証明書や印鑑証明書（発行後3ヵ月以内、コピー可）を添付します。個人の住所変更同様に繋がりを証明する必要はありません。なお、使用者を法人の本店ではなく登記されてない営業所等にする場合は、公的機関が発行する事業証明書、営業証明書、課税証明書または電気・都市ガス・水道・固定電話料金領収書のいずれか（発行後3ヵ月以内、コピー可）を添付します。

●使用者（法人）の商号変更の場合

　法人の商号変更の場合は、商業登記の履歴事項証明書、必要に応じて閉鎖事項証明書の写しを添付します。

●住居表示の実施（地名○○番地から地名○丁目○番地の○に表示が変更）の場合

　市町村の発行した住居表示の証明書の写し、または、通常の住所の証明書類を提出します。なお、軽自動車の申請時には使用の本拠の位置証明する書面は不要ですが、車庫の届出が必要なので使用の本拠の位置として認められないような場所（使用者が会社なのに社長の仕事に使用されていない個人宅、親族名義の家、別荘等）を設定すると車庫の届出の段階でトラブルとなる可能性があるので注意が必要です。

□記入申請と税金

　納税義務者が別人になる場合は、登録自動車の移転登録同様に軽自動車税の環境性能割が掛かる可能性があります。車両の通常の取引価格（現実の取引価格ではなく、新車の価格から経年劣化として設定された割合を控除した金額）が50万円を下回った場合は非課税となります。また、商品車として仕入れたケースや相続、合併の場合も非課税となるのも登録自動車と同じです。

　納税義務者が別人になる場合とは自己所有やリース車両の場合で、所有者が別人になる場合、所有権留保の車両で使用者が別人になるケースです。納税義務者が別人とならず納税が不要なケースは、リース車両で使用者を別人にした場合や所有権留保の車両で使用者が所有者になるケース、単純な引っ越し、使用場所の変更などがあります。

□車検証の返納と同時申請の場合の特例

　車検証の返納（登録自動車でいう一時抹消）と同時申請の場合は、車検証を紛失していたとしても再交付を受けて車検証を提出しなくても、理由書（車検証を紛失し、その後発見した場合は返却するという内容）をつけて申請することが可能です。元々の使用の本拠の位置に拠点がなくても、その位置のまま名義だけを変更して車検証を返納することが可能です。

29

自動車検査証返納・返納証明書交付申請

☐ 自動車検査証返納届出とは

　軽自動車の自動車検査証返納届出は、登録自動車の一時抹消申請に該当する申請です。一時的にナンバープレートを外し、車を使用できなくなりますが、税金はかからなくなります。自動車販売店が下取りした場合、車検の有効期限が短ければ名義変更（車検証の書き換え）と同時に自動車検査証返納届出をすることが多いです。登録自動車同様に一時抹消と呼ぶこともあり、廃車と表現されることもあります。

　自動車検査証返納申請をする際には同時に返納証明書交付申請を行い、「自動車検査証返納証明書」と「自動車検査証返納確認書」という書類の交付を受けます。自動車検査証返納証明書は、自動車を再使用（中古新規）する時に必要となります。返納確認書は、車検証を返納した後に持ち主が変わった場合に譲渡の証明書として使用します。返納確認書がなくなったとしても、譲渡証明書で代用することも可能です。

☐ 自動車検査証返納申請（自動車検査証返納証明書取得申請）の必要書類

　必要書類は下記のとおりです。

- ・自動車検査証
- ・申請依頼書（代理人により申請する場合のみ）
- ・自動車検査証返納届出書(軽OCRシート4号様式、軽自動車検査協会で配布)
- ・税申告書（自動車税事務所で配布）
- ・古いナンバープレート（持込は不要）

巻末資料

各種申請書記載例

移転登録（名義変更）

所有権解除の名義変更

（※新しい所有者と使用者が同一の場合）

鉛筆で記入

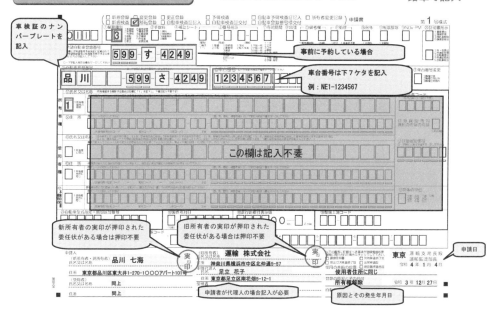

- 車検証のナンバープレートを記入
- 599 す 4249
- 事前に予約している場合
- 品川 599 さ 4249 / 1234567
- 車台番号は下7ケタを記入　例：NE1-1234567
- この欄は記入不要
- 新所有者の実印が押印された委任状がある場合は押印不要
- 旧所有者の実印が押印された委任状がある場合は押印不要
- 申請人（新所有者・現所有者）氏名又は名称　品川 七海
- 住所　東京都品川区東大井1-270-1○○○アパート101号
- （新使用者）氏名又は名称　同上
- 住所　同上
- 運輸 株式会社
- 神奈川県横浜市中区仲通5-57
- 足立 花子
- 東京都足立区南花畑5-12-1
- 申請者が代理人の場合記入が必要
- 所有権解除　使用者住所に同じ
- 東京　運輸支局長殿　運輸監理部長殿
- 申請日　令和 4 年 1 月 4 日
- 原因とその発生年月日　令和 3 年 12 月 27 日

移転登録（名義変更）

（※新しい所有者と新しい使用者が異なる場合）

鉛筆で記入

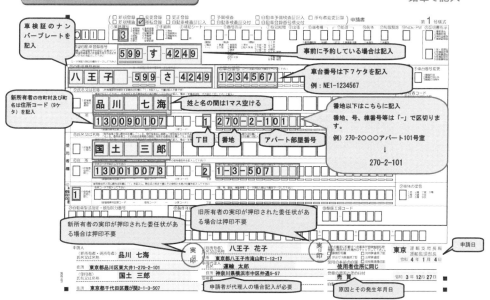

- 車検証のナンバープレートを記入
- 599 す 4249
- 事前に予約している場合は記入
- 八王子 599 さ 4249 / 1234567
- 車台番号は下7ケタを記入　例：NE1-1234567
- 新所有者の市町村及び町名は住所コード（9ケタ）を記入
- 品川 七海
- 130090107 / 1 / 270-2-101
- 姓と名の間は1マス空ける
- 丁目　番地　アパート部屋番号
- 番地以下はこちらに記入　番地、号、棟番号等は「-」で区切ります。　例）270-2○○○アパート101号室　↓　270-2-101
- 国土 三郎
- 130010073 / 2 / 1-3-507
- 新所有者の実印が押印された委任状がある場合は押印不要
- 旧所有者の実印が押印された委任状がある場合は押印不要
- 申請人（新所有者・現所有者）氏名又は名称　品川 七海
- 住所　東京都品川区東大井1-270-2-101
- （新使用者）氏名又は名称　国土 三郎
- 住所　東京都千代田区関2-1-3-507
- 八王子 花子
- 東京都八王子市滝山町1-12-17
- 運輸 太郎
- 神奈川県横浜市中区仲通5-57
- 申請者が代理人の場合記入が必要
- 使用者住所に同じ
- 東京　運輸支局長殿　運輸監理部長殿
- 申請日　令和 4 年 1 月 4 日
- 原因とその発生年月日　令和 3 年 12 月 27 日

113

移転登録（名義変更）

八王子花子さんから品川七海さんへ名義変更で運輸太郎さんが代理人

（※新しい所有者と新しい使用者が同一の場合）　　鉛筆で記入

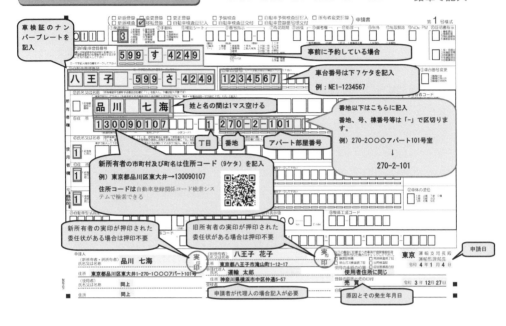

車検証のナンバープレートを記入

事前に予約している場合

車台番号は下7ケタを記入
例：NE1-1234567

姓と名の間は1マス空ける

番地以下はこちらに記入

番地、号、棟番号等は「-」で区切ります。
例）270-2○○○アパート101号室
↓
270-2-101

新所有者の市町村及び町名は住所コード（9ケタ）を記入
例）東京都品川区東大井→130090107
住所コードは自動車登録関係コード検索システムで検索できる

丁目　番地　アパート部屋番号

新所有者の実印が押印された委任状がある場合は押印不要

旧所有者の実印が押印された委任状がある場合は押印不要

申請者が代理人の場合記入が必要

原因とその発生年月日

申請日

使用者住所に同じ

一時抹消登録

車両の解体をしていない抹消登録（一時使用中止）

鉛筆で記入

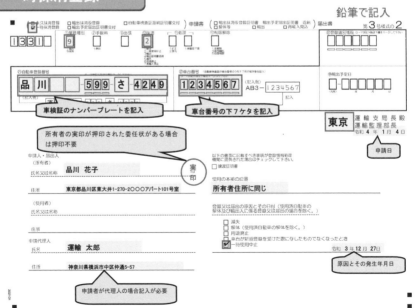

車検証のナンバープレートを記入

車台番号の下7ケタを記入

所有者の実印が押印された委任状がある場合は押印不要

申請者が代理人の場合記入が必要

原因とその発生年月日

申請日

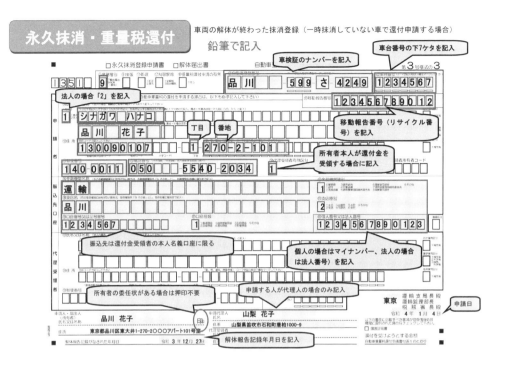

永久抹消・重量税還付

車両の解体が終わった抹消登録（一時抹消していない車で還付申請する場合）

鉛筆で記入

- 車検証のナンバーを記入
- 車台番号の下7ケタを記入
- 法人の場合「2」を記入
- 移動報告番号（リサイクル番号）を記入
- 所有者本人が還付金を受領する場合に記入
- 振込先は還付金受領者の本人名義口座に限る
- 個人の場合はマイナンバー、法人の場合は法人番号）を記入
- 所有者の委任状がある場合は押印不要
- 申請する人が代理人の場合のみ記入
- 解体報告記録年月日を記入

シナガワ ハナコ
品川 花子
130090107 丁目 番地 1 270-2-101
140-0011 050 5540-2034

運輸
品川
1234567

品川 花子
東京都品川区東大井1-270-2○○○アパート101号室

山梨 花子
山梨県笛吹市石和町唐柏1000-9

東京 運輸支局長殿 運輸監理部長殿 税務署長殿
令和 4 年 1 月 4 日

申請日

令和 3 年 12 月 27日

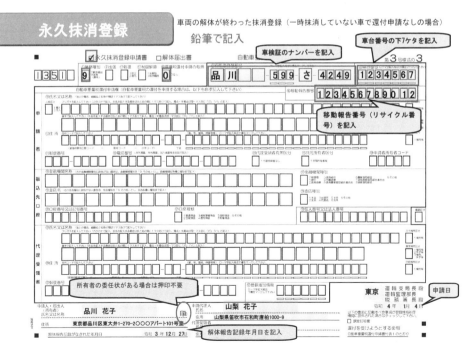

永久抹消登録

車両の解体が終わった抹消登録（一時抹消していない車で還付申請なしの場合）

鉛筆で記入

- 車検証のナンバーを記入
- 車台番号の下7ケタを記入
- 移動報告番号（リサイクル番号）を記入
- 所有者の委任状がある場合は押印不要
- 解体報告記録年月日を記入

☑永久抹消登録申請書

品川 599 さ 4249 1234567
1234567890 12

品川 花子
東京都品川区東大井1-270-2○○○アパート101号室

山梨 花子
山梨県笛吹市石和町唐柏1000-9

東京 運輸支局長殿 運輸監理部長殿 税務署長殿
令和 4 年 1 月 4 日

申請日

令和 3 年 12 月 27日

115

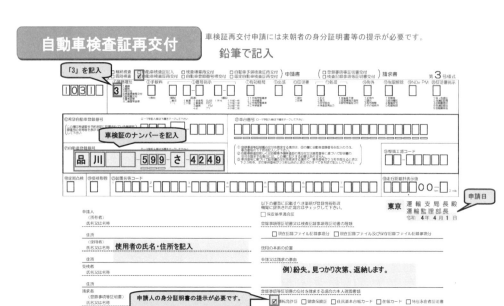

自動車検査証再交付

車検証再交付申請には来朝者の身分証明書等の提示が必要です。

鉛筆で記入

「3」を記入

車検証のナンバーを記入

使用者の氏名・住所を記入

例）紛失。見つかり次第、返納します。

申請人の身分証明書の提示が必要です。

代理人申請の場合、窓口に来た人の氏

申請代理人の氏名・住所を記入

東京 運輸支局長殿
運輸監理部長
令和 4 年 4 月 1 日

申請日

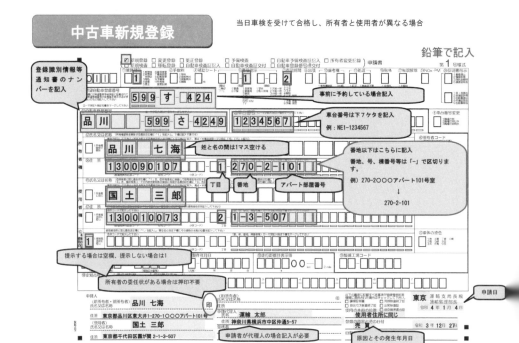

中古車新規登録

当日車検を受けて合格し、所有者と使用者が異なる場合

鉛筆で記入

登録識別情報等通知書のナンバーを記入

事前に予約している場合記入

車台番号は下7ケタを記入
例：NE1-1234567

品川 七海

姓と名の間は1マス空ける

番地以下はこちらに記入

番地、号、様番号等は「－」で区切ります。
例）270-2000アパート101号室
↓
270-2-101

丁目　番地　アパート部屋番号

国土 三郎

提示する場合は空欄、提示しない場合は1

所有者の委任状がある場合は押印不要

申請人
（所有者・即所有者）　品川 七海
氏名又は名称　東京都品川区東大井1-270-1000アパート101号

（使用者）　国土 三郎
住所　東京都千代田区霞が関 2-1-3-507

申請代理人　運輸 太郎
住所　神奈川県横浜市中区仲通5-57

申請者が代理人の場合記入が必要

使用者住所に同じ

原因とその発生年月日

東京 運輸支局長殿
運輸監理部長
令和 4 年 1 月 4 日

申請日

令和 3 年 12 月 27 日

116

中古車新規登録

当日車検を受けて合格し、所有者と使用者が同一の場合

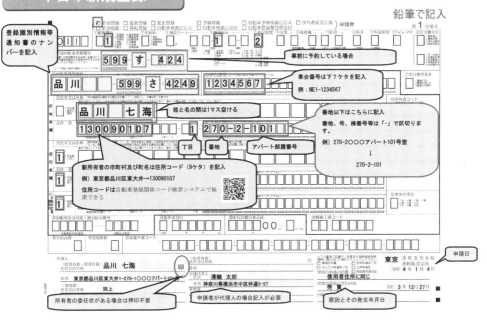

中古車新規登録

予備検査済みで、所有者と使用者が同一の場合

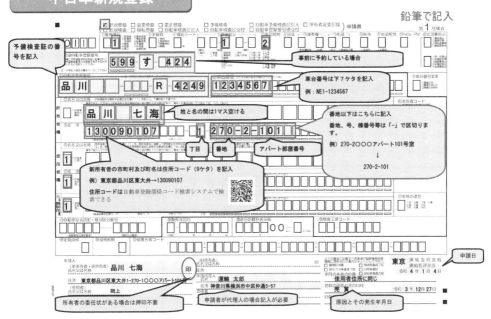

117

番号変更

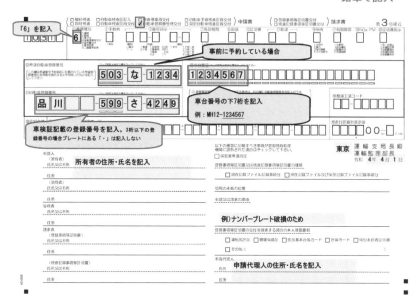

「6」を記入

申請書

第3号様式

事前に予約している場合

所有者の住所・氏名を記入

車台番号の下7桁を記入
例：MH12-1234567

車検証記載の登録番号を記入。3桁以下の登録番号の場合プレートにある「・」は記入しない

例）ナンバープレート破損のため

申請代理人の住所・氏名を記入

東京 運輸支局長殿
運輸監理部長
令和 4年 4月 1日

変 更 登 録

所有者・使用者同一の姓の変更（品川花子→関東花子に改姓した例）

鉛筆で記入

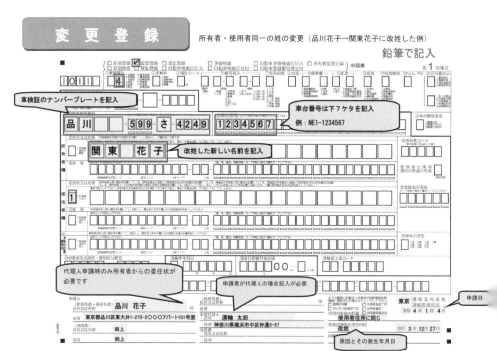

車検証のナンバープレートを記入

車台番号は下7ケタを記入
例：NE1-1234567

改姓した新しい名前を記入

代理人申請時のみ所有者からの委任状が必要です

申請者が代理人の場合記入が必要

申請日

使用者住所に同じ

原因とその発生年月日

東京 運輸支局長殿
運輸監理部長
令和 4年 1月 4日

（新所有者・現所有者）
氏名又は名称 品川 花子
住所 東京都品川区東大井1-270-2〇〇〇アパート101号室

運輸 太郎
神奈川県横浜市中区仲通5-57

改姓 令和 3年 12月 27日

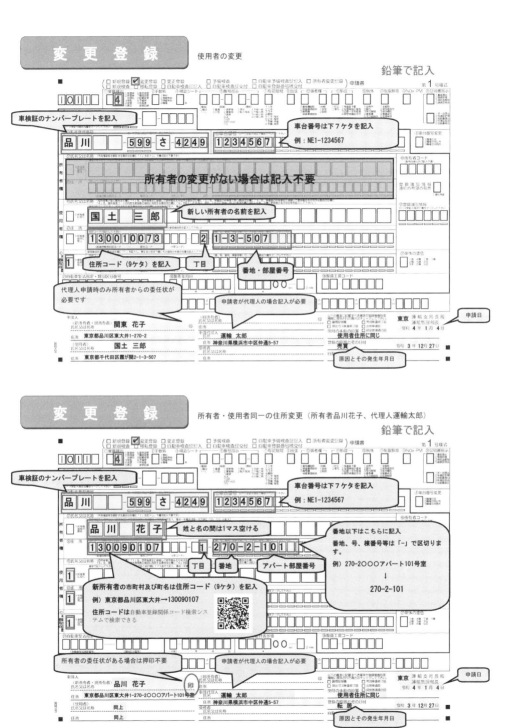

変更登録

使用者の変更

鉛筆で記入

- 車検証のナンバープレートを記入
- 車台番号は下7ケタを記入 例：NE1-1234567
- 所有者の変更がない場合は記入不要
- 新しい所有者の名前を記入
- 住所コード（9ケタ）を記入
- 丁目
- 番地・部屋番号
- 代理人申請時のみ所有者からの委任状が必要です
- 申請者が代理人の場合記入が必要
- 申請日
- 原因とその発生年月日

品　川　599・さ・4249　1234567

国土　三郎

130010073　2　1-3-507

申請人
（新所有者・現所有者）
氏名又は名称　関東　花子
住所　東京都品川区大井1-270-2
（使用者）
氏名又は名称　国土　三郎
住所　東京都千代田区霞が関2-1-3-507

申請者
氏名又は名称　運輸　太郎
住所　神奈川県横浜市中区仲通5-57
使用者住所に同じ

東京　運輸支局長殿
令和　4年　1月　4日
売買
令和　3年　12月　27日

変更登録

所有者・使用者同一の住所変更（所有者品川花子、代理人運輸太郎）

鉛筆で記入

- 車検証のナンバープレートを記入
- 車台番号は下7ケタを記入 例：NE1-1234567
- 姓と名の間は1マス空ける
- 番地以下はこちらに記入 番地、号、棟番号等は「-」で区切ります。 例）270-2○○○アパート101号室 ↓ 270-2-101
- 新所有者の市町村及び町名は住所コード（9ケタ）を記入 例）東京都品川区東大井→130090107 住所コードは自動車登録関係コード検索システムで検索できる
- 丁目
- 番地
- アパート部屋番号
- 所有者の委任状がある場合は押印不要
- 申請者が代理人の場合記入が必要
- 申請日
- 原因とその発生年月日

品　川　599・さ・4249　1234567

品　川　花子

130090107　1　270-2-101

申請人
（新所有者・現所有者）
氏名又は名称　品川　花子
住所　東京都品川区東大井1-270-2○○○アパート101号室
（使用者）
氏名又は名称　同上
住所　同上

申請者
氏名又は名称　運輸　太郎
住所　神奈川県横浜市中区仲通5-57
使用者住所に同じ

東京　運輸支局長殿
令和　4年　1月　4日
転居
令和　3年　12月　27日

119

輸出抹消仮登録

一時抹消していない自動車を輸出する場合

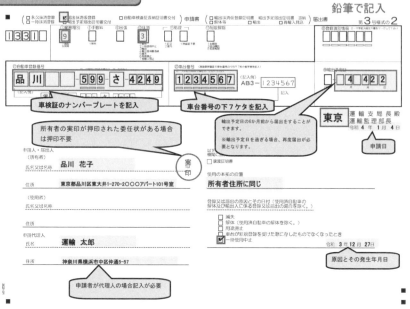

鉛筆で記入

車検証のナンバープレートを記入

車台番号の下7ケタを記入

所有者の実印が押印された委任状がある場合
は押印不要

輸出予定日の6か月前から届出をすることが
できます。

※輸出予定日を過ぎる場合、再度届出が必
要となります。

申請者が代理人の場合記入が必要

原因とその発生年月日

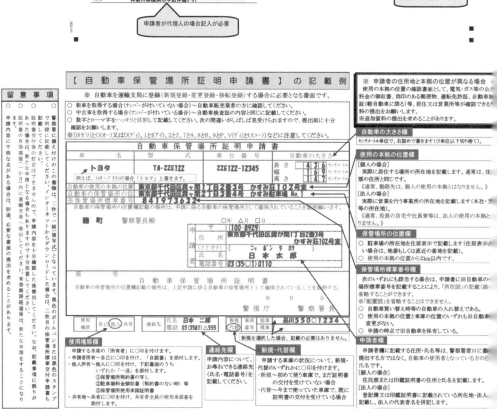

あとがき

　この度は、私の自動車の行政手続きの入門書が出版できましたことに、深く感謝いたします。筆の遅い私を叱咤激励してくれたけやき出版の小崎社長、いつも細かい質問に対応いただいている国土交通省の専門官の方々、そして依頼をいただいている顧客の皆様、業務を遂行してくれている事務所のスタッフ達という、多くの方々の存在によってこの本を出版することができました。

　この本は入門書ではありますが、自動車登録について一般向けに書かれたおそらく初めての本であり、その出版ができたことは夢のようです。どこまで詳しく書くべきか、どんな表現が最適なのかは手探りであり、この本よりも優れた本も今後出版されると思いますが、世の中に簡単に買える入門書がないという現状を変えることができたことを喜ばしく思います。自動車登録入門（web 版）も公開していますので、分かりにくい部分などはご指摘いただければ、加筆していきより良い情報提供ができればと思っております。

　https://y-office.tokyo/introduction_to_vehicle_registration/

　最後に、この本を手に取っていただいた読者の皆様に感謝の意を表します。この本を通じて、皆様に役立つ情報が得られることを望みます。ありがとうございました。

2023 年 2 月吉日

山口幹夫

プロフィール

行政書士法人山口事務所　山口幹夫（やまぐち みきお）

1980 年生まれ、成蹊大学を卒業後イギリスに留学し、ロンドン大学に入学。行政書士資格を取得し、司法書士事務所でのアルバイトを経て、2010 年から行政書士事務所にて自動車登録業務に従事。
自動車登録業務に特化した行政書士として、自動車手続きの中でも困難案件や大量案件を得意としている。
司法書士受験時代に培った手続き上のロジックで、文献の少ない自動車登録業務を理解し、自動車手続きの中でも特殊な案件を多数抱える。人生の目標である「世の中の無駄を削減すること」を常に意識し、車両の申請・管理の効率化を進めており、代表を務める行政書士法人山口事務所では年間 20 万件を超える自動車手続きに関する申請を行っている。

自動車登録入門

2023 年 4 月 6 日　初版発行
2023 年 9 月 18 日　第 2 刷発行

著　者　　　山口幹夫
発行者　　　小崎奈央子
発行所　　　株式会社けやき出版
　　　　　　〒 190-0023　東京都立川市柴崎町 3-9-2　コトリンク 3F
　　　　　　TEL 042-525-9909　FAX 042-524-7736
　　　　　　https://keyaki-s.co.jp
カバーデザイン　白木春菜
印　刷　　　シナノ書籍印刷株式会社

ISBN　978-4-87751-630-7　C3032